BETHAN CHRISTOPHER

Rebel Beauty

SIEBEN WEGE, UM ZU ENTDECKEN, WIE **EINZIGARTIG** DU BIST!

Ravensburger

MEINER TOCHTER AYSHA-JADE GEWIDMET

Impressum

1 3 5 4 2

Deutsche Ausgabe
© 2023 Ravensburger Verlag GmbH
Postfach 2460, 88194 Ravensburg
Alle Rechte vorbehalten

ISBN 978-3-473-48058-6

Übersetzung: Susanne Schmidt-Wussow

ravensburger.com

Titel der Originalausgabe:
Rebel Beauty for Teens. 7 Ways to Unleash Your Unique Brand of Gorgeousness
Zuerst erschienen bei Trigger Publishing 2021
Nachgedruckt von Welbeck Balance 2021
Text und Illustration: © 2020 Bethan Christopher

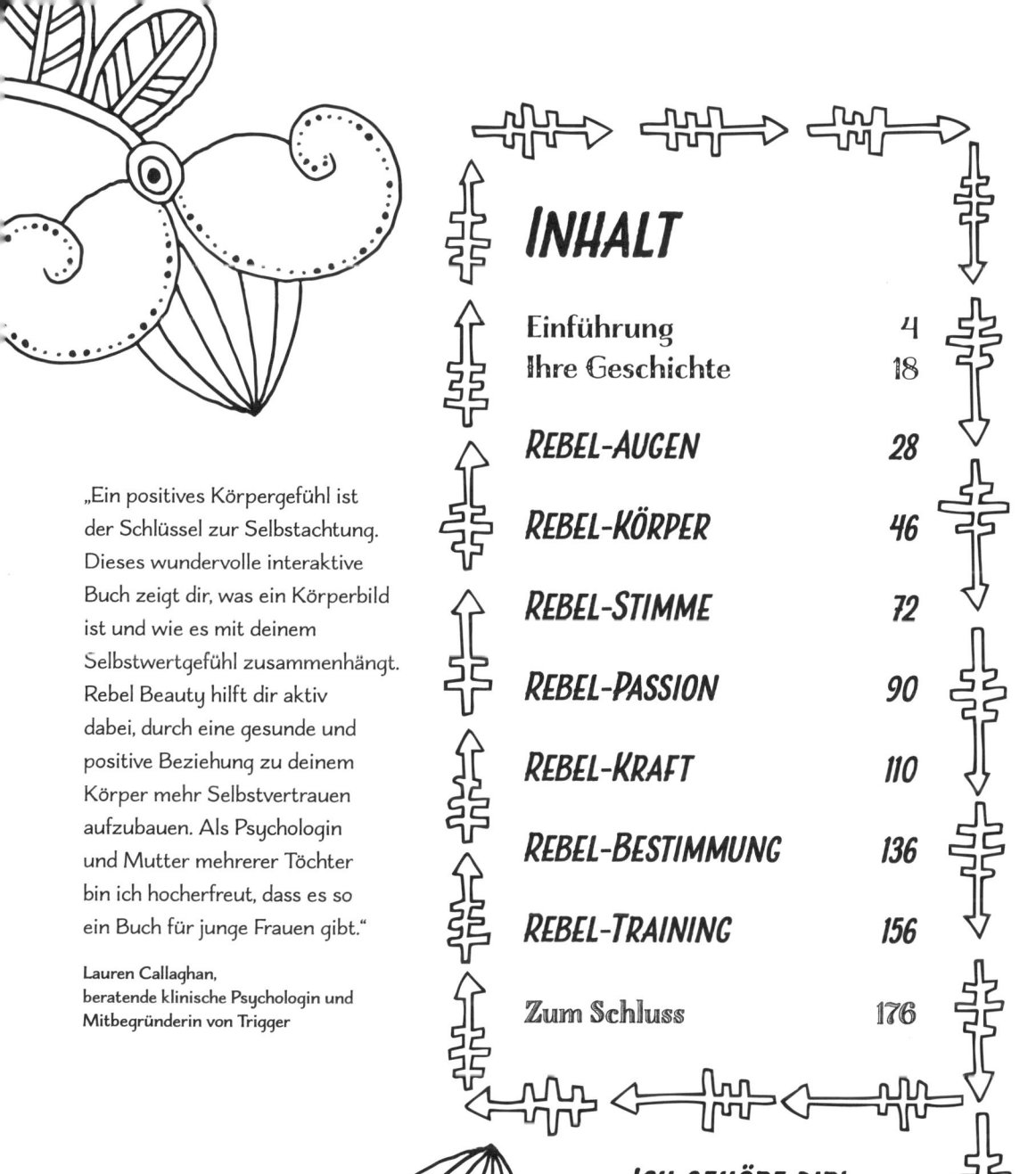

„Ein positives Körpergefühl ist der Schlüssel zur Selbstachtung. Dieses wundervolle interaktive Buch zeigt dir, was ein Körperbild ist und wie es mit deinem Selbstwertgefühl zusammenhängt. Rebel Beauty hilft dir aktiv dabei, durch eine gesunde und positive Beziehung zu deinem Körper mehr Selbstvertrauen aufzubauen. Als Psychologin und Mutter mehrerer Töchter bin ich hocherfreut, dass es so ein Buch für junge Frauen gibt."

Lauren Callaghan,
beratende klinische Psychologin und
Mitbegründerin von Trigger

INHALT

ICH GEHÖRE DIR! Zeichne auf meine Seiten, mal Illustrationen aus, kritzle, schneide Sachen aus oder kleb was rein: Mach dieses Buch so einzigartig, wie du es bist!

Einführung

Sie liegt gebräunt am Pool und nascht Erdbeeren. Du mampfst ein paar Chips und stürzt eine Limo runter, bevor du zum Bus rennst. Sie lacht und legt neckisch einen perfekt manikürten Finger an die Wange, während sie zum Strand schlendert. Du hüllst dich in dein Handtuch, schnatterst nervös mit deinen Freundinnen und latschst zum Meer. Sie piesackt dich, weil du nicht dünner bist und besser aussiehst, seit du als kleines Mädchen Prinzessin werden wolltest.

Sie ist: Miss Schönheitsideal

 Sie verkörpert in Form, Aussehen, Gewicht und Erscheinungsbild **angeblich** das **perfekte Girl** (jedenfalls laut Medien, Werbeagenturen und Leuten, die Milliarden mit Diätpillen verdienen). Miss Schönheitsideal räkelt sich auf Zeitschriften und strahlt dich mit ihren makellos weißen Zähnen aus jedem Winkel deines Insta-Feeds an. Sie verkauft einfach alles, von Autos und Klamotten bis hin zu Urlaub und Smoothies. Ihr Gesicht ist der Filter, den deine Freundinnen auf ihre Selfies legen, bevor sie sie posten. Du brauchst sie nur anzusehen, um die neuesten Trends bei Augenbrauenform, Halskontur, glatten Beinen und gepuderten Knien abzulesen.

Miss Schönheitsideal ist nicht echt! Sie ist mit Photoshop, Airbrush-Werkzeug und Filtern bearbeitet. Trotzdem tippt sie dir ständig auf die Schulter und flüstert: „Versuch, so zu werden wie ich, dann wirst du glücklich!"

Miss Schönheitsideal ist das kollektive Gesicht des unaufhörlichen Sperrfeuers unerreichbarer Schönheit, mit dem Mädchen und auch immer mehr Jungs täglich bombardiert werden. Diese Bilder von lächelnden, schlanken, durchtrainierten, makellosen, bildschönen Göttinnen mit leuchtend weißen Zähnen stürzen sich vom Aufwachen bis zum Schlafengehen auf uns und greifen unser Selbstwertgefühl an. Wir sind so daran gewöhnt, dass wir es oft gar nicht merken.

Stattdessen denken wir:

 „Ich muss dünner werden."

„Ich muss lauter sein."

„Ich muss meinen Stil pflegen."

„Wenn die Coolen mich beachten, bin ich glücklich."

 „Ich muss mehr Make-up tragen."

„Ich brauche mehr Follower/Likes."

 „Ich brauche Bauchmuskeln."

 „Ich sollte mehr wie Bibi Beautybabe/Mylie Stylie/Kim Kardochsoschön aussehen."

Was so ziemlich NIEMAND checkt: Miss Schönheitsideal wurde erfunden, um uns das Gefühl für Schönheit **abzutrainieren**, mit dem wir geboren wurden. Schon als ganz kleine Mädchen hören wir ständig, dass wir hübscher, dünner, blonder, aufrechter, kurviger oder einfach anders sein müssen. Das Ergebnis: Die kollektive Körperliebe unserer Girl Gang ist unter schwerem Beschuss. Studien haben gezeigt: Wenn Mädchen und Frauen Komplexe wegen ihres Aussehens haben, schöpfen sie ihr volles Potenzial nicht aus. Manche schwänzen die Schule, drücken sich vor dem Sport, sagen Veranstaltungen ab und vermeiden es, sich im Unterricht zu melden, aus Angst, für ihr Aussehen verurteilt zu werden. Unsere Schwestern im Geiste verzichten auf Partys, Diskussionen und Aufführungen, verziehen sich lieber in die zweite Reihe und machen sich klein und unsichtbar, weil sie Angst vor Aufmerksamkeit haben – und alles nur, weil sie sich nicht attraktiv genug fühlen.

Klingt das für dich falsch?

Hast du keine Lust mehr, dich dauernd selbst fertigzumachen, und willst dich endlich wohlfühlen in deiner Haut?

Glaubst du, wir sollten das dringend ändern?

Willst du für diesen Wandel kämpfen?

Wenn du nur eine dieser Fragen mit Ja beantwortet hast, bist du hier goldrichtig.

Noch nie hatten Frauen und Mädchen wie heute die Freiheit, die Fähigkeiten und das Potenzial, die Welt und ihre Rolle darin zu verändern. Mit diesem Buch hast du die Chance, Teil einer Revolution zu werden - einer Bewegung, die die Kraft der Frauen entfesseln könnte, wie nie zuvor. Es gibt dir die Möglichkeit, eine ganz neue Form von Schönheit zu entwickeln, die nicht in Fläschchen verkauft wird, kein Label trägt und auch nicht im Regal deiner Drogerie zu finden ist. Niemand erzählt uns von dieser Schönheit - weil nur DU allein auf sie zugreifen kannst!

Diese Schönheit verlässt die ausgetretenen Pfade, meidet die Massen und ist für alle gedacht, die an Individualität glauben und selbst entscheiden wollen, was gut genug ist. Es geht um das, was wir selbst von uns denken, darum, wie **WIR** die Welt sehen, und um die wunderbare Einzigartigkeit, die **WIR** erleben können, wenn wir uns so annehmen, wie **WIR** sind.

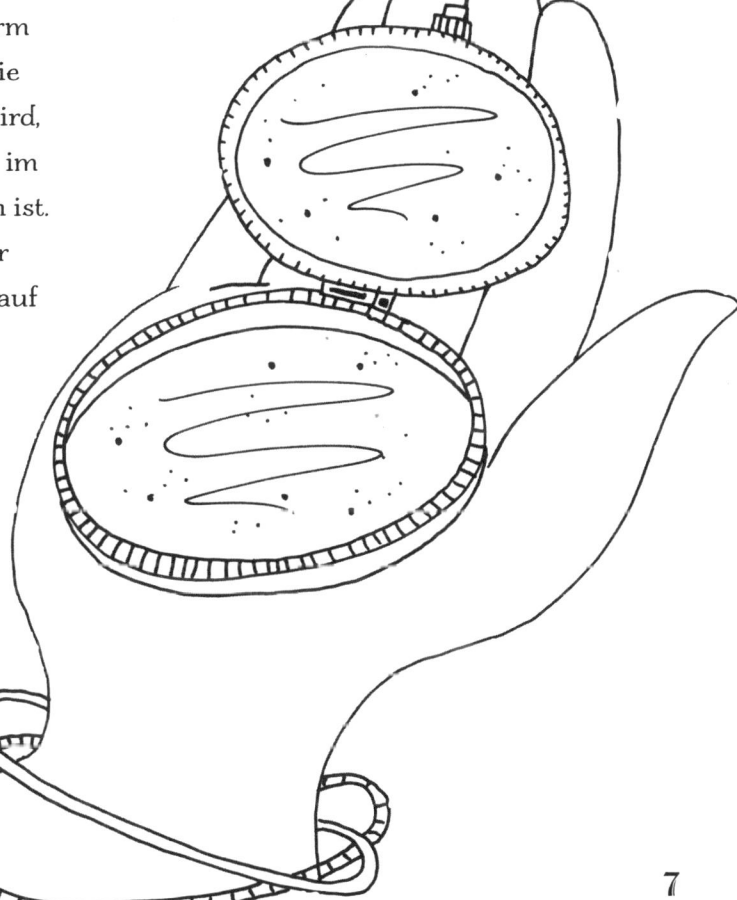

Wer bin ich?

Mein Name ist Bethan. Seit über 20 Jahren bin ich auf einer Mission gegen Miss Schönheitsideal. Ich habe die größten Beauty-Bluffer der Geschichte aufgestöbert (die auch die ersten Millionäre in der Beautybranche waren), um herauszufinden, wieso sie so viel Macht und Einfluss hatten. Ich habe mich in die Vergangenheit von Miss Schönheitsideal hineingewühlt, sie auf Social Media gestalkt und enthüllt, wer in Wirklichkeit hinter ihr steckt. Hier sind ein paar Dinge, die ich herausgefunden habe:

Ding 1: Miss Schönheitsideal ist eine Fantasiefigur

Sie ist zusammengewürfelt aus Vorstellungen, die von der Kosmetik- und Werbebranche entwickelt wurden. In dieses giftige Gebräu wurde dann noch etwas Technologie gerührt, ein paar gemeine kulturelle Eigenheiten drübergestreut (was also in einer Gesellschaft gerade in ist) und ta-da: Fertig ist die Vorstellung von perfekter Schönheit.

Das Problem an Vorstellungen: Wenn sie uns von Anfang an umgeben und alle, die wir kennen, an sie glauben , dann neigen wir dazu, sie unhinterfragt zu übernehmen. Und schon stellen wir negative Vergleiche zwischen uns und unserem Idealbild an. Die meisten Menschen erreichen niemals die irren Ansprüche von Miss Schönheitsideal (nicht mal die digital optimierten Models auf den Bildern). Dieses Ungleichgewicht erzeugt eine innere Zwickmühle, die sich auf unser Selbstbild, unsere Stimmung und unser Verhalten auswirkt. Zum Glück können wir mit etwas Nachbohren unsere Vorstellungen von Miss Schönheitsideal als falsch entlarven und aus unseren Köpfen **verbannen**.

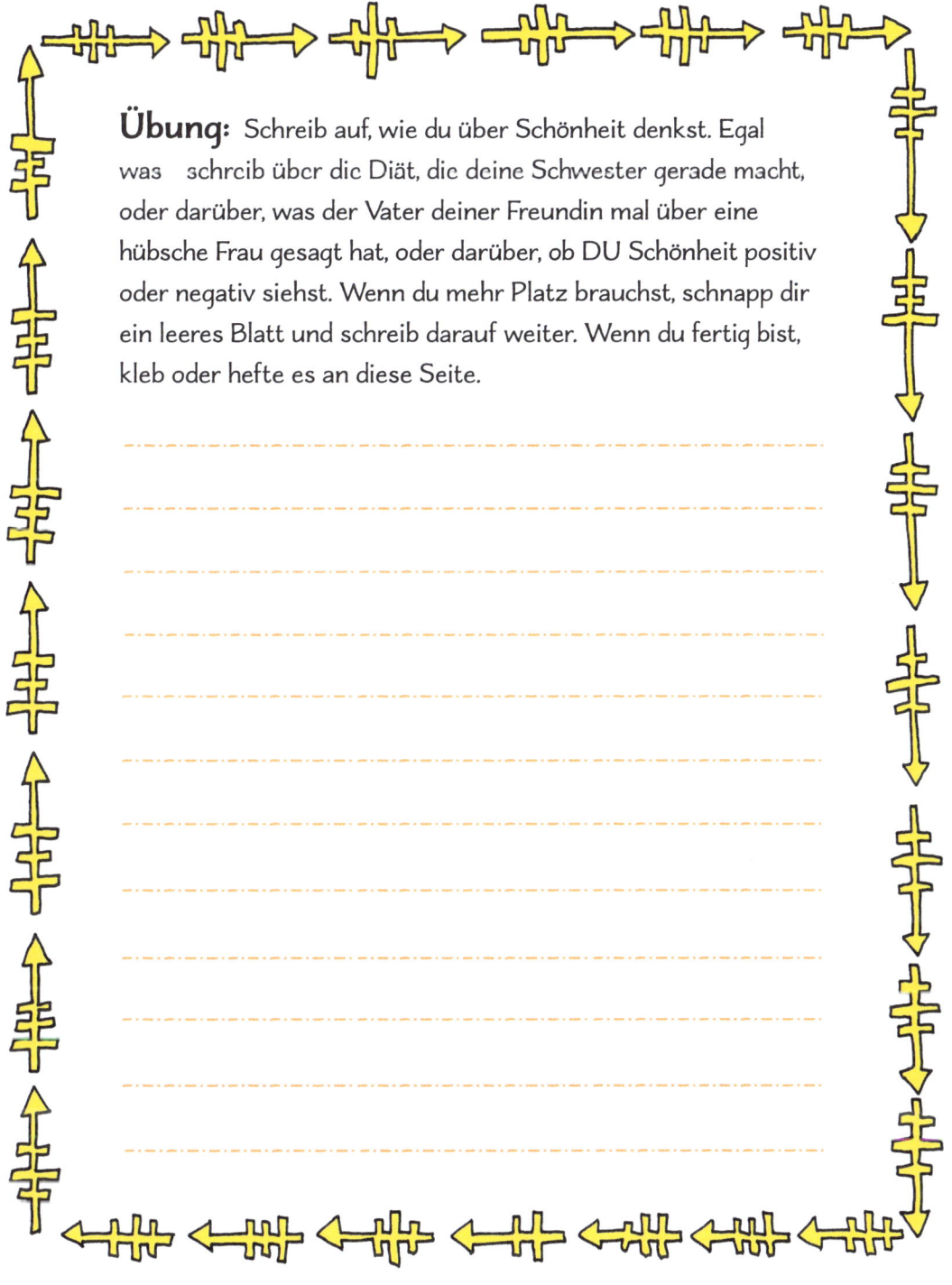

Übung: Schreib auf, wie du über Schönheit denkst. Egal was schreib über die Diät, die deine Schwester gerade macht, oder darüber, was der Vater deiner Freundin mal über eine hübsche Frau gesagt hat, oder darüber, ob DU Schönheit positiv oder negativ siehst. Wenn du mehr Platz brauchst, schnapp dir ein leeres Blatt und schreib darauf weiter. Wenn du fertig bist, kleb oder hefte es an diese Seite.

Ding 2: Miss Schönheitsideal gibt es in zig Versionen

In Großbritannien zupfen und formen die Frauen ihre Augenbrauen. Manchmal entfernen sie sie ganz und lassen sie sich dann neu tätowieren. In Usbekistan dagegen gilt die Monobraue als schick. In Amerika geben Frauen Hunderte von Dollar aus, um Schwellungen um die Augen loszuwerden, während koreanische Frauen alles tun, damit die Augenpartie voller aussieht. Der Effekt nennt sich **Aegyo-Sal** („lächelnde Augen"), und es wird mit Make-up, Klebestreifen, Füllmasse und Fetttransplantationen nachgeholfen, um den begehrten Pölsterchen-Look zu erreichen.

Wo und wann du auch lebst, immer gibt es bestimmte Maßstäbe für gutes Aussehen, die du laut Beautypolizei erfüllen sollst. Deine Familie und Freundinnen, die Gesellschaft und persönliche Erfahrungen tragen alle zu deiner Vorstellung von Miss Schönheitsideal bei. Frauen stehen besonders unter dem Druck, perfekt auszusehen, aber inzwischen meinen auch immer mehr Jungs und Männer, sie müssten den perfekten Body haben. Wir sitzen also alle im selben Boot.

Übung: Schreibe hier auf, wie deiner Meinung nach ein Körper sein sollte, um gut auszusehen. Hier ein paar Stichworte: Haare, Nägel, Haut, Nase, Augenbrauen, Augen, Lippen, Hals, Kinn, Brüste, Form, Beine, Bauch, Hände, Arme, Schultern, Genitalien, Füße, Zehen.

_____

_____

_____

_____

_____

_____

_____

_____

_____

_____

Ding 3: Miss Schönheitsideal ist eine Illusion

Am Ende des Films **Der Zauberer von Oz** zerrt Dorothys Hund Toto einen großen Vorhang herunter und enthüllt damit, dass der große und mächtige Zauberer in Wirklichkeit nur eine gewaltige Projektion an einer Wand ist. Davor glaubt Dorothy die ganze Geschichte über, dass der Zauberer ihr helfen wird, aber dann wird ihr klar, dass er nur eine Illusion ist, die von einem kleinen Mann in einem grünen Anzug gesteuert wird. Genauso ist es mit Miss Schönheitsideal.

Die Mode-, Kosmetik- und Diätindustrie projiziert dieses tolle und kraftvolle, geairbrushte Bild von Miss Schönheitsideal auf unsere Bildschirme, lockt uns mit der Illusion von Perfektion und gaukelt uns vor, etwas Echtes und Erreichbares zu sehen. Wir geben gutes Geld und kostbare Zeit für ihre Produkte aus, um diesen perfekten Look zu erreichen. Und dann, gerade als wir denken, jetzt haben wir endlich die perfekten Augenbrauen oder bleistiftdünnen Handgelenke,

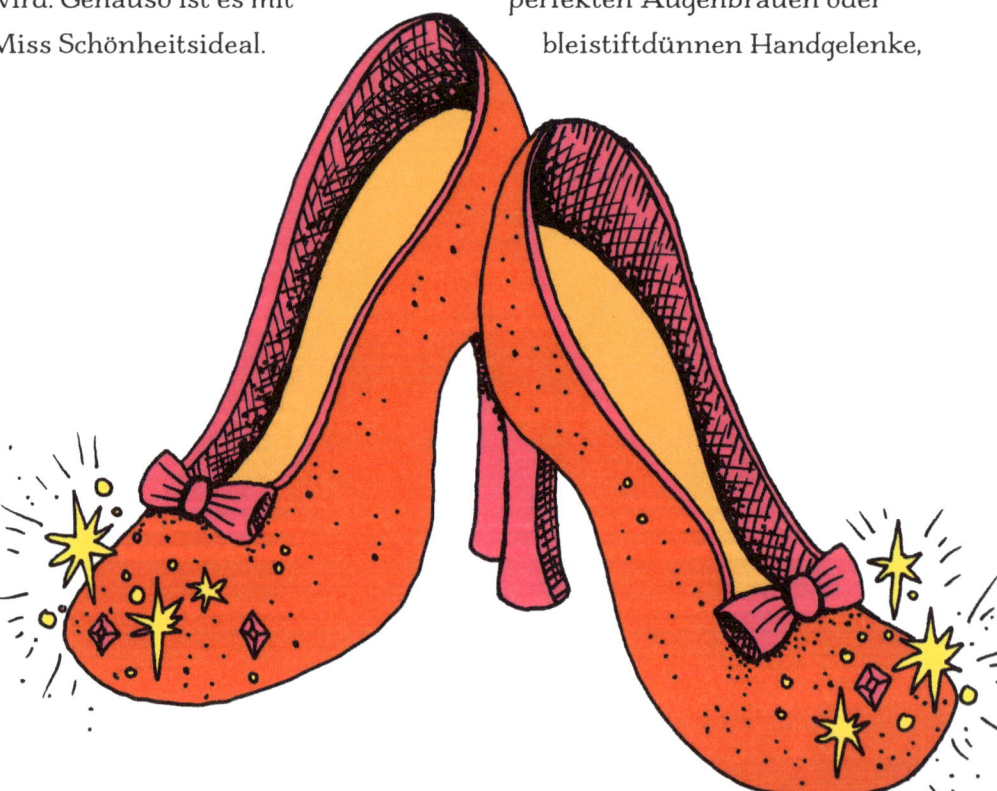

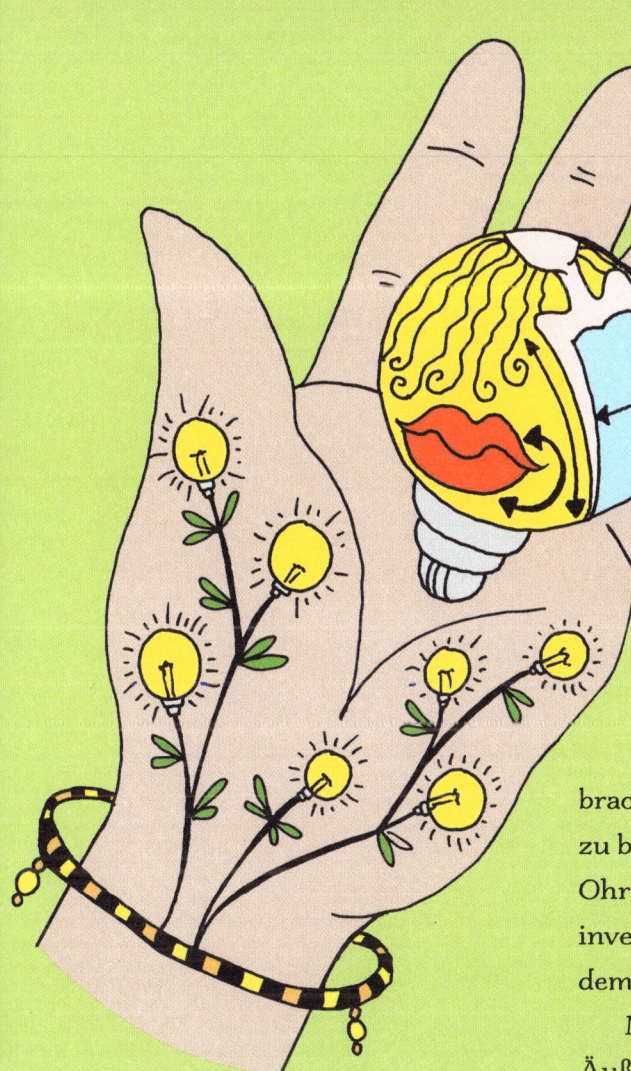

BÄM! Schon verwandelt sich das Bild von Miss Schönheitsideal in etwas anderes.

Da lächelt Miss Schönheitsideal uns dann zu in ihrem neuen Look und wir fragen uns, warum wir unser bisheriges Leben damit ver-bracht haben, dünne Ohrläppchen zu bekommen, wenn JETZT dicke Ohrläppchen in sind. Und wieder investieren wir Zeit und Geld, um dem neuen Look zu entsprechen.

Menschen, die mit ihrem Äußeren unzufrieden sind, geben eine besonders gute Kundschaft ab. Deswegen ist die Beautybranche global auch rund 450 Milliarden Euro wert. Und während Miss Schönheitsideal die Diät- und Kosmetikkonzerne immer reicher macht, zahlen Frauen und Mädchen auf der ganzen Welt dafür einen hohen Preis.

Übung: Schreib auf, was Frauen tun oder kaufen, um Miss Schönheitsideal zu entsprechen. Nenne alles, was dir einfällt: kosmetische Eingriffe, Make-up, merkwürdige Diäten usw.

Ding 4: Es gibt eine Art von Schönheit, von der niemand uns erzählt hat

Einige denken vielleicht: „Hey, warte mal. Wenn Miss Schönheitsideal nur ein Trick und eine Geldmaschine ist, wer sagt mir dann, wie ich aussehen und was ich mit meiner Freizeit machen soll? Ich brauche Miss Schönheitsideal!"

Und das ist ein berechtigtes Argument. Wir sind so daran gewöhnt, dass unsere Mütter, Väter, Lehrer, Freundinnen, Tanten, Onkel, Fernsehshows, Handys und Social-Media-Feeds uns sagen, was wir tun sollen, dass es beängstigend sein kann, unsere Kraft und unser Selbstbild für uns selbst zurückzufordern.

Wir verbringen viel zu viel Zeit damit, nach Miss Schönheitsideal zu suchen, wir konzentrieren unsere ganze Energie darauf. Wir vergleichen uns mit anderen, sehen uns Beauty-Tutorials an, sind besessen von unserer Kleidergröße oder scrollen wie wild durch die Social-Media-Accounts attraktiver Menschen. Der Gedanke, eins unserer größten Hobbys aufzugeben, macht wirklich Angst.

STOPP! Keine Panik. Tief durchatmen.

In diesem Buch lernst du eine Schritt-für-Schritt-Methode kennen, mit der du die Schönheit entfesselst, die in dir steckt. Du wirst sie verändern können, wann immer dir danach ist. Du wirst dich hübsch fühlen. Einfach, weil du du selbst bist. Du brauchst nur die Übungen in diesem Buch zu machen, am Ball zu bleiben und bereit zu sein, deine Rebel Beauty zu erwecken.

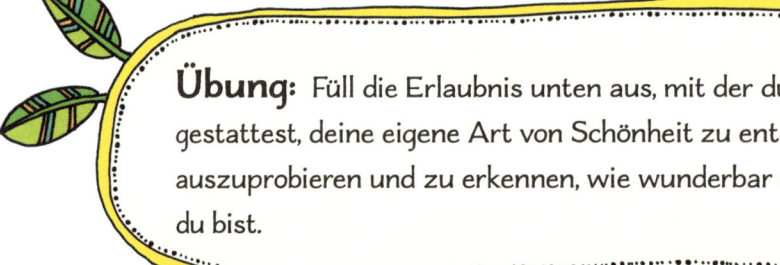

Übung: Füll die Erlaubnis unten aus, mit der du dir gestattest, deine eigene Art von Schönheit zu entdecken, dich auszuprobieren und zu erkennen, wie wunderbar einzigartig du bist.

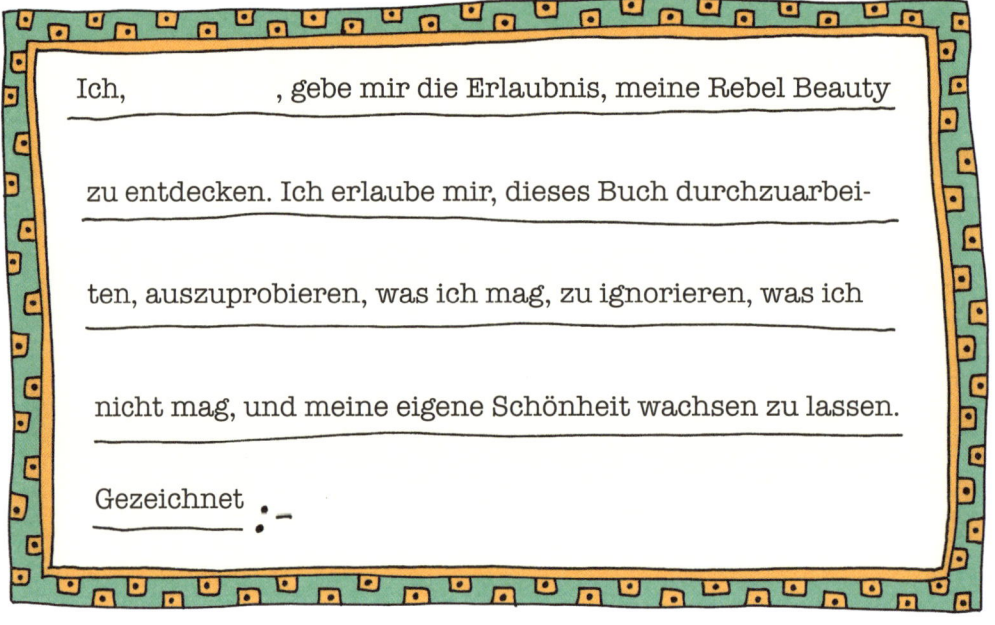

Ich, _____ , gebe mir die Erlaubnis, meine Rebel Beauty

zu entdecken. Ich erlaube mir, dieses Buch durchzuarbei-

ten, auszuprobieren, was ich mag, zu ignorieren, was ich

nicht mag, und meine eigene Schönheit wachsen zu lassen.

Gezeichnet _____

Was passiert jetzt?

Dieses Buch steckt voll kampferprobter Aktivitäten, kreativer Einfälle und rebellischer Herangehensweisen. Es ist dein Reiseführer und begleitet dich auf deinem Weg, der zur Entfesselung deiner individuellen, einzigartigen und wundervollen Schönheit führt.

Rebel Beauty gliedert sich in sieben Kapitel, die du nacheinander durcharbeiten und zu denen du jederzeit wieder zurückblättern kannst. Das letzte Kapitel **Rebel-Training** (S. 156–175) zeigt dir, wie du das Gelernte in deinen Alltag integrieren kannst.

Achtung: Dieses Buch ist **nicht die Schule**. Im Gegenteil! Es ist chaotisch, es gibt keinen Stundenplan und keine festen Abläufe. Du kannst ausprobieren, was immer du willst, und wenn es nichts für dich ist, es einfach sein lassen. Was soll's?

Dieses Buch ist nicht perfekt. Du kannst darin so viel Chaos anrichten, wie du willst, Seiten umknicken, Blätter raus-reißen und alles mit Kuli vollkritzeln. Wenn du mehr Platz brauchst, kleb Extraseiten rein. Du kannst das Buch sogar als Kopfkissen benutzen, wenn du

mal keins hast. Es wird dich ab jetzt eine Weile begleiten. Und es wird dich auch dann noch lieben, wenn du es aus dem Fenster wirfst.

Dieses Buch steht hinter dir.

Und gleich nimmt es dich mit auf eine Rucksacktour, raus aus der Welt von Miss Schönheitsideal, weit weg von allen ausgetretenen Pfaden in die großen, verwegenen, wunderbaren Landschaften von Rebel Beauty.

Bist du bereit?
Los geht's!

IHRE GESCHICHTE

Miss Schönheitsideal: woher sie kommt

Wie die Schurkin in deiner Lieblingsserie hat auch Miss Schönheitsideal eine dunkle Vergangenheit voll unerwarteter Wendungen und Skandale. Ursprünglich wollte ich dir diese Geschichte mit allen schmutzigen Details präsentieren. Du solltest erfahren, warum der Wunsch, attraktiv auszusehen – und sich so zu fühlen –, uns angeboren ist und uns seit Urzeiten begleitet, als wir noch in Höhlen schliefen und bauchfreie Tops aus Palmenblättern entwarfen.

Ich **WOLLTE** das Ganze mit Anekdoten würzen, etwa:

- Wie altägyptische „It-Girls" Kajal, eine schwarze Paste aus gemahlenen Mineralien, als Eyeliner benutzten, um die längliche Augenform ihrer Götter und Göttinnen zu imitieren, die als höchstes Schönheitsideal galt.

- Wie adlige Frauen in der Renaissance auf der Suche nach Miss Schönheitsideal Schlangenhaut in Wein kochten und den Sud tranken, weil sie glaubten, dass er für einen frischen Teint sorgte.

- Wie europäische Frauen im Mittelalter ihre Haaransätze zupften, damit sie mehr wie die unschuldigen, keuschen Jungfrauen des frühen Christentums aussahen.

Ich **WOLLTE** auch ein paar coole Nebenhandlungen einbauen:

♥ Wie 1903 eine junge Polin namens Helena Rubinstein nach
Australien emigrierte und schnell erkannte, dass die Haut der
Menschen dort durch das raue Klima, die heiße Sonne und die
starken Winde schnell alterte. Helena eröffnete einen kleinen
Schönheitssalon und erfand eine Gesichtscreme, die angeblich
den Teint ihrer Kundinnen strahlend und makellos machte.
Wissenschaftlich betrachtet, bewirkte die Creme gar nichts, aber
trotzdem verkaufte sich die selbst gemachte Hautpflege wie verrückt.
1915 war Helena die erste Selfmade-Millionärin der Welt – und wohl
auch die Erfinderin der Beautybranche, wie wir sie heute kennen.

♥ Wie sich um 1860 die Fotografie immer mehr verbreitete und die Leute zum ersten Mal ein Bild von sich selber machen lassen und so erfahren konnten, wie andere Menschen sie sahen. Die ersten Fotografen, die ihren Lebensunterhalt mit Fotos von reichen Damen und Herren verdienten, setzten bald spezielle Linsen ein, um die Bilder weicher zu machen und die Haut zu verwischen, damit man die Poren und Pockennarben ihrer anspruchsvollen Kundschaft nicht sah. Genau diese weichgezeichneten Fotos ohne Pickel und Fältchen benutzten Helena Rubinstein und andere Beautyunternehmen später, um für ihre Produkte zu werben – damit es so aussah, als ob die Haut durch ihre Cremes so glatt wäre. Die Kundinnen bewunderten nun nicht mehr die attraktiven Frauen in ihrer eigenen Umgebung, sondern wollten aussehen wie die Gesichter in diesen Anzeigen. Miss Schönheitsideal war damit noch ein Stück unerreichbarer geworden.

Wie sich 1987 Photoshop mit Miss Schönheitsideal zusammentat. Das Bildbearbeitungsprogramm bot völlig neue Möglichkeiten, um per Mausklick ärgerliche Zentimeter von den Hüften der Models zu entfernen, Nasen zu begradigen, Haut zu straffen, Brüste zu vergrößern und an den Models alles zu entfernen, was auch nur ein wenig unperfekt aussah. Plötzlich waren die Bilder, mit denen wir in der Werbung und in Zeitschriften überschüttet wurden, nicht mehr die von echten Frauen. Und da Miss Schönheitsideal jetzt ein digital verbessertes Gesicht lieferte, dem alle nacheifern sollten, traten die Zauberer des Fleisches – die Schönheitschirurgen – auf den Plan und boten den Frauen Botox, Facelifting, Implantate, Kinnkorrekturen, Aufspritzen, Liften und viele andere Verfahren an, mit denen sie den ständig wechselnden Schönheitsidealen hinterherhecheln konnten.

Aber dann dachte ich: **NEIN.** Schluss damit!

Miss Schönheitsideal bekommt so schon viel zu viel Sendezeit! Wir wissen, dass sie uns verwirrt, unsere Gesichter mit Foundation zukleistert und uns als hässlich brandmarkt, wenn wir nicht ihre Regeln befolgen. Wir wissen das durch die Barbiepuppen, mit denen wir früher gespielt haben, die geklonten Frauen in Musikvideos, die perfekt aussehenden Schauspielerinnen und die durchgestylten Promis im TV.

Wir wissen bereits, dass diese Vorstellungen von Schönheit unsere Zeit in Anspruch genommen und unsere Energie gestohlen haben. Müssen wir also noch mehr über Miss Schönheitsideal hören? NEIN!

Es ist Zeit, das **HINTER UNS** zu lassen.

Wenden wir uns **DIR** zu.

> Miss Schönheitsideal: woher sie kommt

Rebel Beauty: die Neufassung

In diesem Buch geht es nicht um Äußerlichkeiten.

Es geht um **DICH**.

Dieses Buch gibt dir alles, was du brauchst, um deine persönliche Version von Rebel Beauty auf die Bühne deines Lebens zu bringen. Dazu sehen wir uns genau an, was dich besonders macht, warum du einzigartig bist und wie du selbstbewusst deinen Platz in der Welt finden kannst.

Die Konzepte und Übungen auf diesen Seiten stammen aus verschiedenen Quellen. Einige kommen von meinen eigenen Mentor*innen und Vorbildern, männlichen wie weiblichen. Andere habe ich meiner eigenen Entwicklung zu verdanken, auf der ich beautymäßig ganz unten war und dann die Mittel und Wege fand, meine einzigartige Beautymarke zu erkennen und mir mein Selbstwertgefühl zurückzuholen.

Ich werde häufig gefragt, ob mit Rebel Beauty die innere Schönheit gemeint ist. Ich antworte dann immer: Wenn wir anfangen, unser Inneres mit anderen Augen zu betrachten, und keine Bestätigung mehr brauchen, wie gut wir von außen aussehen, dann scheint diese Veränderung nach außen durch, weil wir anders aussehen, handeln, reden und uns benehmen. Wenn wir unsere Schönheit im Inneren voll und ganz annehmen, dann ist es so, als fange etwas in uns an, zu leuchten. Ich nenne das den „Kleopatra-Effekt".

Der Kleopatra-Effekt

Die Ägypterin Kleopatra galt als die schönste (und mächtigste!) Frau ihrer Zeit. Diese Diva inspirierte zahlreiche Kunstwerke und Filme. Die coole Königin soll einst wegen einer Wette eine aufgelöste Perle getrunken und in Milch gebadet haben. Oberflächlich betrachtet könnte man Kleopatra als eine der ersten Miss Schönheitsideal verstehen, aber laut dem griechischen Geschichtsschreiber Plutarch entsprach sie gar nicht dem Beautykonzept ihrer Zeit:

Plutarch schrieb: „Ihre Schönheit, so hören wir, war nicht so unvergleichlich, dass sie den, den die Königin erblickte, sofort in ihren Bann zog. Aber die Anmut, die sie ausstrahlte, war unwiderstehlich. Ihre Persönlichkeit und ihre Worte übten eine besondere Anziehungskraft aus."

Plutarch schreibt Kleopatra damit eine Kombination aus Selbstbewusstsein, Körperbewusstsein und ein felsenfestes Vertrauen in die eigenen Fähigkeiten zu, die zu einer einzigartigen Form von Schönheit verschmolzen. Indem sie ihre Schönheit im Inneren aktivierte, zeigte die Königin nach außen etwas, das unwiderstehlich und mächtig war.

Wenn du die sieben Elemente von Rebel Beauty in diesem Buch durcharbeitest, wirst auch du deine eigene, einzigartige Schönheit freilegen und erstrahlen lassen.

Die sieben Elemente, die du entfesseln musst, sind:

♥ **Rebel-Augen.** Wohin du deine Aufmerksamkeit lenkst, bestimmt deine Erfahrungen. Wenn du nicht mehr darauf schaust, was die Medien dir als schön verkaufen wollen, kannst du dich selbst und deine Schönheit nach deinen eigenen Bedingungen definieren.

♥ **Rebel-Körper.** Miss Schönheitsideal behauptet, wenn du den perfekten Körper hast, fühlst du dich auch im Inneren endlich gut. Wenn du diese Vorstellung umdrehst und neu festlegst, wie du dich selbst siehst, kannst du eine grundsolide und gesunde Beziehung zu deinem Körper aufbauen.

♥ **Rebel-Stimme.** Kommunikation ist zentral, um deine Schönheit auszudrücken. Es geht nicht darum, ob du gern redest oder eher still bist. Es geht darum, wie du deinen Worten Taten folgen lässt und deine Bedürfnisse mit Mut, Selbstvertrauen und Klarheit äußerst.

♥ **Rebel-Leidenschaft.** Wenn du in deinem Element bist, verfliegt die Angst, du fühlst dich wohl und hast die Kontrolle. Deine Leidenschaften helfen dir, diesen Punkt zu erreichen. Sie zeigen dir deine einzigartigen Talente und wie du dein Leben – und diese Welt! – besser machen kannst.

♥ **Rebel-Passion.** Jahrhundertelang war der Menstruationszyklus ein Thema voller Scham und Geheimnistuerei. Doch gerade in diesem Monatszyklus liegt eine unserer größten Superkräfte als Frauen. Also feire deinen wundervollen Zyklus!

♥ **Rebel-Bestimmung.** Du bist nicht zufällig hier. Wenn du dein einzigartiges Ich entfesselst und deine Vorstellungen von deinem Körper und deiner Schönheit neu definierst, wirst du deine wahre Bestimmung finden.

♥ **Rebel-Training.** Nachdem du mithilfe der Werkzeuge in diesem Buch deine Rebel Beauty entdeckt hast, machst du im letzten Schritt diese Praktiken zu einem Teil deines Lebens und entwickelst daraus Gewohnheiten. Tägliche Disziplin führt zu Veränderungen und bald kann deine Schönheit auf die Welt losgelassen werden.

Nun ist alles erzählt. Deine Rebel Beauty ist in der Mache.

Also dann, LOS geht's!

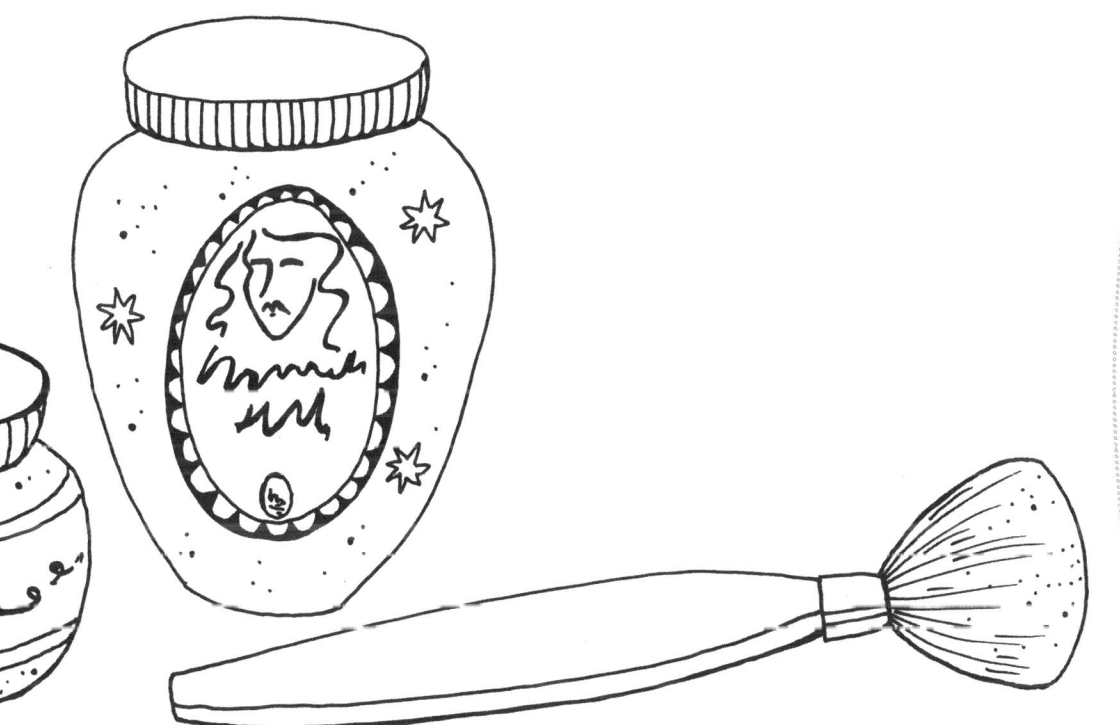

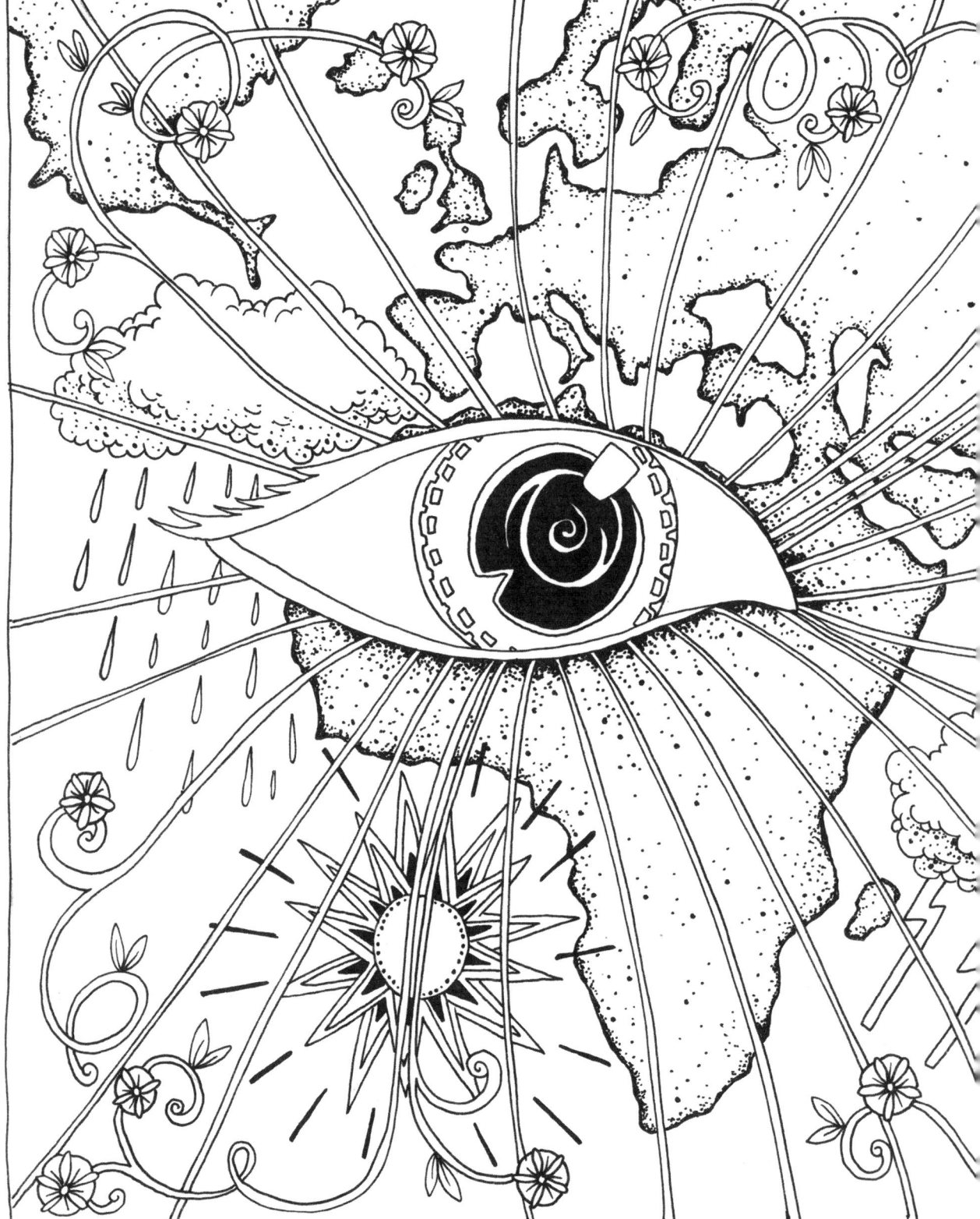

REBEL-AUGEN

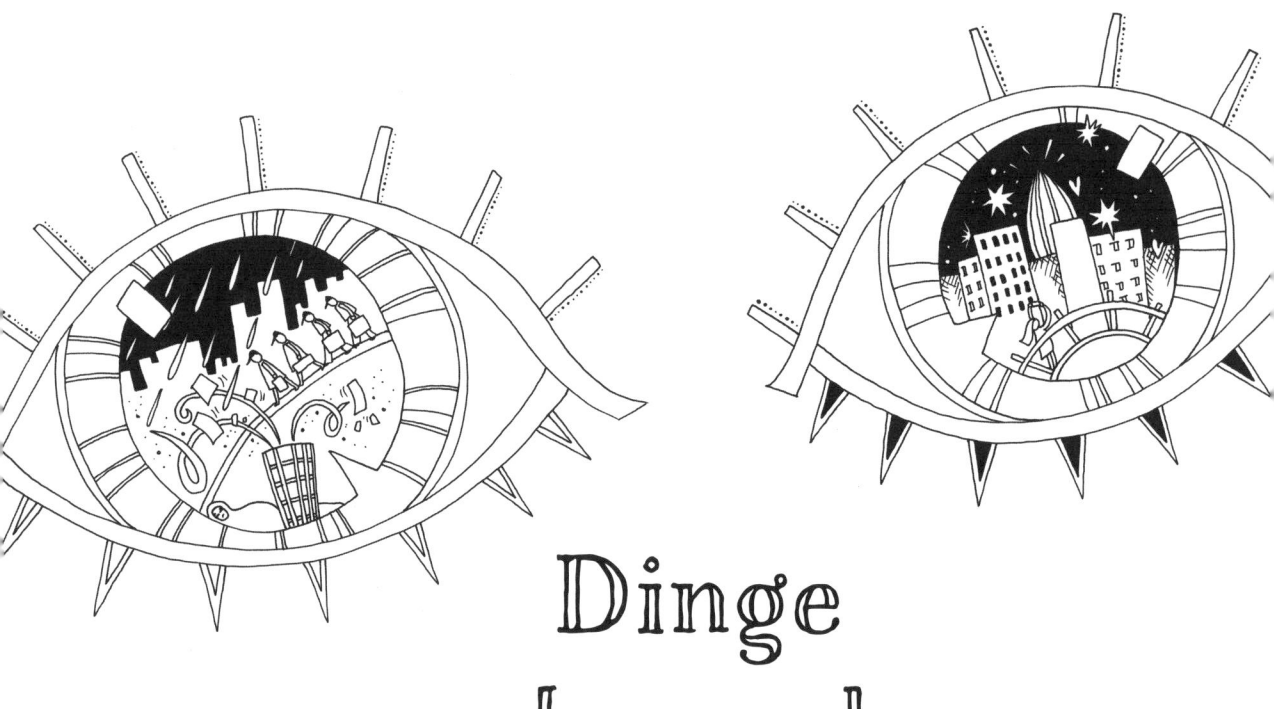

Dinge
anders sehen

Die Schwestern Jade und Ruby machen einen Ausflug in die Großstadt. Jade liebt die vielen Geräusche, die Farben, die Vielfalt der Kulturen und Küchen. Sie freut sich darauf, in die coolen Shops zu gehen und sich in das pulsierende Stadtleben zu stürzen. Sie besucht Kunstgalerien, postet ein Selfie von einer berühmten Brücke, ruft ihre Mum von einem historischen Denkmal aus an und sagt zu ihr: „Die Stadt ist total super! Hier will ich mal wohnen!" Sie liebt die Geschäftigkeit überall und ja, es ist teuer hier, aber das motiviert sie nur, in der Schule fleißig zu sein und gute Noten zu bekommen, damit sie Aussichten auf einen guten Job hat und hier leben und arbeiten kann, wenn sie älter ist.

Ruby ergeht es ganz anders. Sie hasst Menschenmengen und sie kann es nicht ausstehen, angerempelt zu werden, vor allem, nachdem ihre Freundin ihr von den ganzen Taschendiebstählen erzählt hat, die in großen Städten an der Tagesordnung sind. Als sie ihrer Schwester durch die vollen Straßen folgt, rümpft sie die Nase wegen der verpesteten Luft. Die Rinnsteine quellen über vor Müll, verdächtige Gestalten lungern in Hauseingängen herum. Plärrende Musik, ungeduldiges Hupen und stinkende Abgase stürmen so auf ihre Sinne sein, dass ihr ganz schwindelig wird. Die Kunstgalerien und das Sightseeing sind okay, aber Ruby kann es kaum erwarten, wieder abzufahren – und sie hat nicht vor, bald wiederzukommen.

Es geht um dieselbe Stadt, aber die beiden Schwestern sehen die Dinge ganz unterschiedlich. Ihre Erwartungen und vorgefassten Meinungen beeinflussen ihre Wahrnehmung: Wo Jade Lebhaftigkeit und Chancen sieht, erkennt Ruby nur Gefahr und Schmutz.

Die Wahrnehmungsbrille

Wir sehen nicht nur mit den Augen. Alle Erfahrungen, die du im Leben machst, werden durch deine Wahrnehmung gefiltert, also wie **DU** dich entscheidest, etwas zu sehen.

Es ist, als ob du eine unsichtbare Brille trägst: Deine Laune, Energie und Über- zeugungen liefern dir zusammen eine „gefärbte" Sicht auf die Welt. Diese „Wahrnehmungsbrille"

bestimmt, was du siehst, wie du denkst, was du sagst und was du tust. Sie kann die Welt wunderbar oder bedrohlich aussehen lassen oder auch alles dazwischen. Und dann handeln wir nach dem, was wir „sehen".

Denk nur mal an die Tage, an denen es dir einfach nicht gelingt, die dunkle Wolke

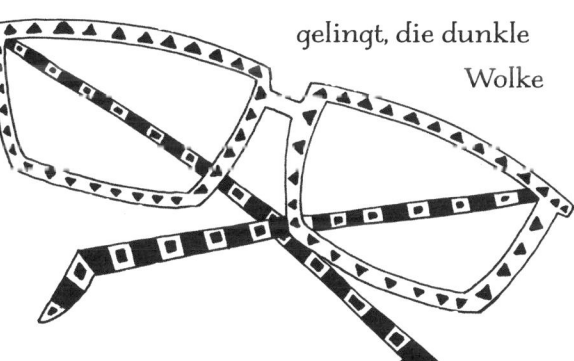

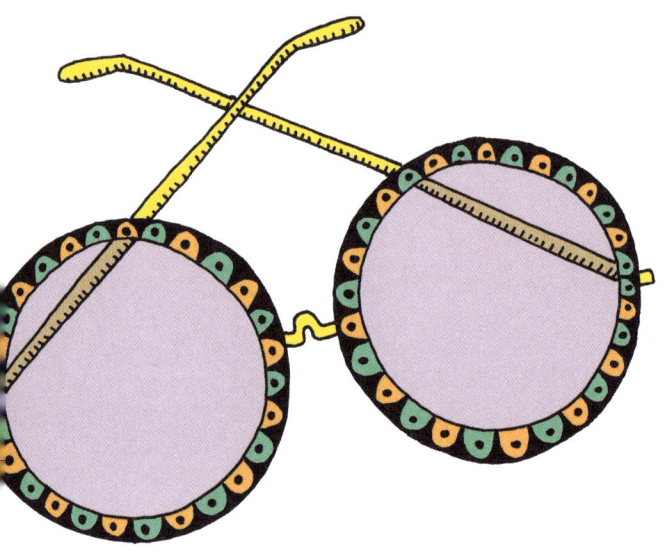

Es hört den Gedanken „Ich hasse mein Leben" und legt sich richtig ins Zeug, um dir alles zu liefern, das diese Vorstellung bestätigt. Je mehr dein Gehirn diese Beweise heraussucht, desto schlechter wird deine Laune – ein Teufelskreis.

Jetzt stell dir mal vor, du hättest gerade etwas Supertolles erfahren. Deine Lieblingsband ist in der Stadt, und deine Mum hat dir und deinen besten Freundinnen Karten besorgt! Du gehst zur Schule und es ist dir total egal, dass du als Erstes eine Doppelstunde deines Hassfaches hast, weil deine gute Laune sich durchsetzt. In der Pause strahlst du Positivität und Freude aus, und deshalb suchen die anderen deine Nähe. Du fühlst dich sensationell gut, aber warum? Weil deine „Wahrnehmungsbrille" deine Sicht auf die Welt einfärbt. Wenn dein Gehirn nach dem Guten im Leben sucht, dann findest du auch genau das.

Wenn du noch nicht überzeugt bist, dass deine Wahrnehmung deine Welt einfärbt, versuch mal Folgendes:

abzuschütteln, die seit dem Frühstück über dir hängt. Vielleicht wachst du auf, siehst dich in deinem Zimmer um und denkst: „Bäh, es ist so hässlich hier – ich könnte auf keinen Fall eine Freundin zu mir einladen." Vielleicht guckst du in den Spiegel und alles, was du sehen kannst, ist der Riesenpickel an deiner Nase. Vielleicht versucht dein kleiner Bruder beim Frühstück, dich zum Lachen zu bringen, macht dich damit aber nur sauer.

Wenn du schlechte Laune hast, sucht und findet dein Gehirn alles, was deine Haltung untermauert.

REBEL-AUGEN, ÜBUNG 1: **Rot sehen**

Sieh dich in dem Zimmer um, in dem du gerade bist. Nimm dir 30 Sekunden Zeit, um alle roten Gegenstände zu zählen, die du sehen kannst. Lies erst weiter, wenn du alle roten Dinge gezählt hast.

Fertig? Schreib jetzt auf die Linie unten, wie viele **grüne** Gegenstände du gesehen hast:

Du kannst es nicht sagen, weil du nur die roten Dinge im Zimmer gezählt hast? Das kommt daher, dass du aktiv nach den roten Gegenständen **gesucht** hast. Du hast deinem Gehirn eine Anweisung gegeben und es hat getan, was es sollte. Genauso findet dein Gehirn immer, wonach du in deinem Leben suchst – ob Positives, Negatives oder etwas dazwischen.

Denk an Jade und Ruby (S. 30). Jade sucht nach dem Guten in der Stadt und sieht es. Ruby sucht nach dem Schlechten und findet es. So bestimmt unsere „Wahrnehmungsbrille" unsere Sicht auf die Welt. Sie färbt alles ein: unser Zuhause, unsere Familie, unsere Freunde ... sogar **uns selbst!**

Dinge anders sehen

Rosarote Brille

Dein Selbstwertgefühl ist deine ultimative Wahrnehmungsbrille. Es legt fest, was **DU** siehst, wenn **DU** in den Spiegel guckst. Es legt fest, was du glaubst, wie die Leute über dich denken. Wenn zehn Leute dir ein Kompliment machen und nur eine Person dich kritisiert, entscheidet dein Selbstwertgefühl darüber, auf wen du hörst. Es bringt dich in Beziehungen, die dir guttun, und hilft dir, die zu meiden, die dich kaputtmachen. Oder auch, allzu häufig, andersherum.

Menschen mit geringem Selbstwertgefühl nehmen andere häufig als attraktiver, intelligenter oder erfolgreicher wahr als sich selbst. Das kann gesellschaftliche Anlässe zur Qual und Beziehungen zum Problem machen. Wenn jemand mit geringem Selbstwertgefühl einen Fehler macht, verzerrt seine Wahrnehmungsbrille diesen Fehler so, dass er VIEL größer aussieht, als er ist. So eine Person reagiert überempfindlich auf Kritik, was dazu führen kann, dass es ihr fast unmöglich wird, eine Entscheidung zu treffen, weil sie Angst davor hat, dass es die falsche ist. Eine andere Folge ist das übertriebene Bedürfnis, anderen zu gefallen. Das hat zur Folge, dass sich die Person unter Druck fühlt, Dinge zu tun, die sie später bereut, etwa Nacktbilder

REBEL-AUGEN, ÜBUNG 2: Spieglein, Spieglein ...

Vervollständige die folgenden Sätze, aber sei brutal ehrlich dabei.

Meine Persönlichkeit ist ....

Mein Sinn für Mode ist ....

Ich bin gut darin, ...

Ich bin schlecht darin, ...

Mein Leben ist ....

Mein Körper ist ....

Ich sehe mich selbst als ....

Sieh dir deine Antworten an. Würdest du sagen, dass dein Selbstwertgefühl gut, mittel oder gering ist? Sind einige Sätze positiv? Gibt es Bereiche in deiner Selbstwahrnehmung, die mal gründlich aufgeräumt gehören?

Durch welche Selbstwertbrille du auch gerade blickst - versuch bitte, dich dafür nicht zu verurteilen. Nichts, was du geschrieben hast, ist eine echte Tatsache. Jeder Satz ist einfach nur eine Wahrnehmung, für die dein Gehirn Beweise gesammelt hat. **KEINER** davon zeigt, wie irgendjemand anders dich sieht. Das Gute ist, diese Sätze sind so austauschbar, wie eine billige Sonnenbrille.

zu verschicken, Drogen zu nehmen oder zu klauen.

Wer sich durch die Brille eines guten Selbstwertgefühls sieht, erfährt sich und die Welt ganz anders. Die Sicht dieser Menschen auf das Leben ist meist durch solide Werte und Prinzipien gefärbt, die sie leiten. Entscheidungen treffen sie auf der Grundlage dieser Prinzipien. Sie trauen ihrem eigenen Urteil und fühlen sich nicht schuldig, wenn andere anderer Meinung sind. Sie sind in der Lage, Probleme zu lösen, bitten um Hilfe, wenn sie welche brauchen, und sehen sich als gleichrangig zu anderen, unabhängig von Unterschieden in Fähigkeiten, Wohlstand, Körperform oder Follower-Zahlen.

Wie siehst du dich? Konzentrierst du dich auf deine guten Seiten oder auf das, was du nicht so gut findest – oder auf eine Mischung aus beidem? Siehst du dich auf einer Stufe mit den anderen?

Dein Brillen-Upgrade

Um dein Selbstwertgefühl zu verbessern, musst du die Schönheit in dir suchen und zwar jeden Tag. Für immer. Wenn du erst mal erkannt hast, wie toll du bist, wirst du ganz automatisch dein größter Fan!

Das Schwierige ist, deine eigene Großartigkeit wahrzunehmen. Unser Umfeld tut alles, um unser Selbstwertgefühl klein-

„WIR SEHEN DIE WELT NICHT, WIE SIE IST. WIR SEHEN DIE WELT, WIE WIR SIND."

Anaïs Nin

zuhalten. Die Medien erzählen uns, wenn wir **diesen Körper, diese Haare, dieses Smartphone, dieses Kleidungsstück** haben, dann erst sind wir glücklich. Hollywood, Netflix und Social Media lügen uns vor, dass unser Glück, ja unser Erfolg als Mensch sich gleichsetzen lässt mit dem Haus, in dem wir leben, dem Geld, das wir auf dem Konto haben, und dem Gesicht, das uns aus dem Spiegel anschaut. Sogar die Schule benotet unser „Gut-genug-Sein": wie gut wir **einen Rechenweg beherrschen, einen Aufsatz schreiben und bei den Sportwettbewerben abschneiden.**

Weil das meiste, was uns über unseren Wert erzählt wird, offenbar auf einem äußeren Faktor basiert, vergleichen wir uns sehr schnell mit anderen. Wir vergleichen unsere Körper mit denen der Insta-Models. Wir vergleichen unser Zuhause mit dem der Reichen im Fernsehen.

Wir vergleichen unsere Eltern, unsere Familien, unsere Klamotten, unsere Noten und mit jedem Vergleich fragen wir uns: „Bin ich gut genug? Kann ich mit den anderen mithalten?" Wir konzentrieren uns aktiv auf die Teile an uns, die diesen angeblichen Idealen nicht ganz entsprechen – und rate mal, was dann passiert: Genau, unser Gehirn FINDET Beweise für das, worauf wir uns konzentrieren.

Man hat uns Menschen quasi eine Gehirnwäsche verpasst, damit wir immer nur nach den Grenzen und Mängeln in uns und unserem Leben suchen. Um das umzudrehen, müssen wir uns angewöhnen, nach anderen Dingen zu suchen und uns auf sie zu konzentrieren. Worauf du dich konzentrierst, bestimmt, wie du die Welt erlebst. Also liegt es an dir, dich selbst zu definieren.

Setz die Rebel-Brille auf!

Es folgen Übungen, mit denen du deiner „Wahrnehmungsbrille" ein Upgrade verpassen kannst. Die Rebel-Beauty-Brille trainiert deine Augen darauf, die **WAHRE** Schönheit in der Welt, in deiner Umgebung und in dir selbst zu finden. Je mehr du dich an sie gewöhnst, desto selbstverständlicher wird sie für dich.

> Dinge anders sehen

REBEL-AUGEN, ÜBUNG 3: Mach die Augen auf

Sieh aus dem Fenster und finde etwas Schönes. Nicht etwas, von dem man uns immer erzählt, dass es schön sei (z. B. die Person, die aussieht, als sei sie dem Cover eines Modemagazins entsprungen). Such nach wahrer Schönheit - nach **Rebel Beauty**. Das könnte ein Vogel sein, der über den Himmel fliegt, die Maserung der Holzlatten an einem Zaun oder ein altes Ehepaar, das Händchen haltend die Straße hinuntergeht. Bleib am Fenster, bis du zehn Dinge gefunden hast, die wahrhaft schön sind. Wenn du gerade nicht an ein Fenster gehen kannst, erstelle eine Liste mit schönen Dingen in deiner unmittelbaren Umgebung. **Fertig? Dann zeichne all die Schönheit auf die** nächste Seite.

1 ....

2 ....

3 ....

4 ....

5 ....

6 ....

7 ....

8 ....

9 ....

10 ....

Dinge anders sehen

REBEL-AUGEN, ÜBUNG 4: Sieh dich genau an

Schreib auf, was an DIR schön ist. Denk an Dinge, die du getan oder gesagt hast oder bei denen du anderen geholfen hast, an tolle Ideen, die du gehabt hast, an deine Freundschaften, an Dinge, die du gebastelt, und an Leute, die du zum Lächeln gebracht hast. Schreib deine schönsten Träume auf, Orte, an denen du warst, und wunderbare Erinnerungen. Hör erst auf, wenn du zehn schöne Dinge über dich aufgeschrieben hast.

1 ....

2 ....

3 ....

4 ....

5 ....

6 ....

7 ....

8 ....

9 ....

10 ....

REBEL-AUGEN, ÜBUNG 5: Sieh nach oben

Ein Vorbild ist jemand, zu dem du aufschaust und dem du nach-
eiferst. Diese Person könnte ein Fernsehstar sein, in deiner Nach-
barschaft leben, zu deiner Familie gehören, ein Lehrer oder eine
Freundin sein. Oder auch eine Figur in einem Film oder Buch, oder
jemand, von dem du mal im Geschichtsunterricht gehört hast.
Schreib die Namen von drei Leuten auf, die für dich Vorbilder sind,
und zähle einige der Eigenschaften und Werte auf, für die du sie
bewunderst.

NAME: Was ich an dieser Person bewundere:

....

....

                               ....

                               ....

NAME: Was ich an dieser Person bewundere:

....

....

                               ....

                               ....

NAME: Was ich an dieser Person bewundere:

....

....

                               ....

                               ....

> Dinge anders sehen

Es heißt, wenn wir bei einer anderen Person eine Eigenschaft sehen, die wir bewundern, dann deshalb, weil wir sie auch in uns tragen. Wenn zum Beispiel dein Vorbild, über das du in der letzten Übung geschrieben hast, eine Frau ist, die gegen alle Widerstände die Welt verändert hat, und du an ihr vor allem ihre Leidenschaft und Entschlossenheit bewunderst, dann bedeutet das, dass in **DIR** ebenfalls Leidenschaft und Entschlossenheit stecken. Wir projizieren unsere guten Eigenschaften (und auch die schlechten, aber das ist eine andere Geschichte) nämlich auf andere Menschen, und das Entscheidende dabei ist, das zu erkennen und diese Eigenschaften in uns selbst zu fördern. Stell dir nur mal vor, dass all die tollen Eigenschaften deiner Vorbilder, die du auf der vorigen Seite aufgeschrieben hast, auch in dir stecken, und dass du sie nur fördern musst, um sie sichtbar zu machen!

Such ab jetzt jeden Tag nach diesen Eigenschaften in dir und bring sie zum Ausdruck, wo du nur kannst. Denk dran: **DEINE** Wahrnehmung liefert dir die Beweise! Wenn du also nach der Schönheit in dir suchst, hat dein Gehirn gar keine andere Wahl, als dir Beweise dafür zu liefern, dass du so großartig bist, wie du glaubst.

DEFINIERE DICH SELBST!

„MIT JEDER ERFAHRUNG MALST DU GANZ ALLEIN AUF DEINER EIGENEN LEINWAND, GEDANKE FÜR GEDANKE, ENTSCHEIDUNG FÜR ENTSCHEIDUNG."

Oprah Winfrey

REBEL-
KÖRPER

Dein Körper, deine Regeln

Deine Körperwahrnehmung ist unglaublich wertvoll.

Sie ist so wertvoll, dass die Werbemacher, die Diätenverkäufer, die Hochglanzmagazine und die Schönheitschirurgen alles tun, um sie in die Finger zu bekommen. Ist sie ihnen einmal in die Falle gegangen – und wurde so lange herumgestoßen, dass sie völlig verbogen ist und du sie gar nicht mehr wiedererkennst –, gibt man sie dir verzerrt und mit Botschaften überladen wieder zurück, die dir sagen, dass du dünner, kurviger oder hübscher sein müsstest. Jetzt sagt dir deine Körperwahrnehmung: Du bist nicht gut genug!

Wenn wir dieses negative Selbstbild verinnerlicht haben, sind wir Wachs in den Händen der Beautybranche. Mädchen und Frauen, Jungs und Männer lernen, ihr Aussehen zu hassen. Sie quälen sich, weil sie sich zu dünn, zu dick, zu knochig, zu breit, zu flachbrüstig finden. Ihr Leben lang werden sie falschen Idealbildern hinterherhecheln und dabei scheitern.

Es ist nämlich so: Egal, welche Körperform gerade zufällig in Mode ist, dein Körper hat schon eine vorgegebene, ganz individuelle Form.

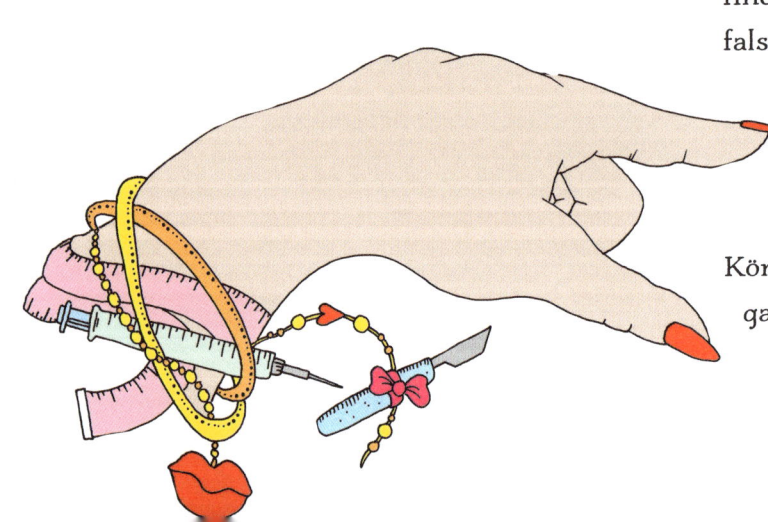

Das liegt an zwei Faktoren:

1 Deine Gene: Vielleicht hast du die Augen deiner Mutter, das Kinn deines Vaters und die Hände deiner Großtante, die gern E-Gitarre spielte. Dein Körper ist ein Cocktail aus all deinen Vorfahren, kräftig durchgerührt und in einer einmaligen Kombination deines Du-Seins serviert. Kurz: dein Körper ist schön, so wie er ist. Sei stolz auf ihn!

2 Sobald du nicht mehr wächst, wird deine Körperform auch davon beeinflusst, was du isst und wie viel du dich bewegst. In der Regel gilt: Wenn du dich gesund und ausgewogen ernährst und körperlich aktiv bist, pendelt sich dein Körper auf seine eigene besondere Größe und Form ein, mit der du ein gesundes und vitales Leben führen kannst. Wenn du aber nur zu Fertignahrung und zuckerreichen Snacks greifst, die du mit Energydrinks hinunterspülst, und deine körperlichen Aktivitäten sich auf das Scrollen durch Instagram beschränken, wird dein Körper träge und legt an Gewicht zu.

Im vorigen Kapitel hast du alles über Wahrnehmung und Selbstwertgefühl erfahren. Du hast gelernt, dass es reine Meinungssache ist, wie du dich selbst siehst. Genauso denkst du vielleicht, dass dein Körper furchtbar aussieht, aber jemand anders kann ihn trotzdem wunderschön finden. Was wirklich zählt, ist, dass dein Körper dein größter Verbündeter ist und du ihn gut behandeln sollst.

REBEL-KÖRPER, ÜBUNG 1:
Erkenne deine Stärken Zeichne in den Kasten rechts deinen Körper, wie du ihn siehst, und schreib dann ein Wort auf, das deine Sicht auf deinen Körper beschreibt.

Wie fühlst du dich mit diesem Körper? Zeichne ein Symbol, das dieses Gefühl ausdrückt. Das kann eine Form sein oder nur Gekritzel, einfach etwas, das dir in den Sinn kommt und dein Gefühl ausdrückt, in diesem Körper zu stecken.

Wie willst du dich in deinem Körper fühlen? Zeichne ein Symbol, das dieses Gefühl ausdrückt. Das kann wieder alles Mögliche sein, was einfängt, wie du dich gern in deinem Körper fühlen würdest.

Zeichne, wie du deinen Körper sichst.

ZEICHNE, WIE DU DICH IM MOMENT IN DEINEM KÖRPER FÜHLST.

Zeichne, wie du dich gern in deinem Körper fühlen würdest.

In meinen Augen ist mein Körper: ....

....

Dein Körper, deine Regeln

Dein Körper, dein BFF

Dein Körper ist ein sagenhaft tolles Ding, das dich mit Eleganz, Schönheit und Leichtigkeit durchs Leben bringt. Du kannst ihn zu deinem besten Freund oder aber zu deinem schlimmsten Feind machen, den du dein Leben lang bekämpfen wirst.

Wir meinen oft, dass wir durch die Veränderung unseres äußeren Körpers unser inneres Gefühl, gut genug für uns selbst und für andere zu sein, verändern können. Eigentlich ist es aber genau anders rum: Freunde dich mit deinem Körper an, definiere ihn positiv und baue eine gesunde Beziehung zu ihm auf, und du wirst anfangen, ihn zu schätzen, dich um ihn zu kümmern und dich durch ihn auszudrücken. Dann beginnt das Gefühl deiner inneren Schönheit unaufhaltsam zu wachsen.

Deinen Körper zu lieben, ist ein Akt der Beauty-Rebellion. Hier sind drei Schritte, um das Fundament für eine grundsolide Beziehung zu deinem lebenslangen BFF (Best Friend Forever) ganz neu aufzubauen.

 **KÖRPERLIEBE:** Vergiss die Diäten und lerne deinen besten Kumpel kennen: Häng mit ihm ab, iss gutes Essen, geh tanzen.

 **KÖRPERSPRACHE:** Lerne ein paar Tricks der Körpersprache, um deine Laune zu heben und dich großartig zu fühlen.

KÖRPERLABEL: Such Worte, die deinen Körper als das tolle Ding beschreiben, das er ist, und nutze sie, wenn du über ihn sprichst.

Körperliebe

Vergiss die Diäten

Ob du dich mit Fleisch, vegan, vegetarisch, flexitarisch oder Paleo ernährst – deinen Körper mit Nahrung zu versorgen, ist wichtig. In deiner Teenie-Zeit verdoppelt dein Skelett sein Volumen! Um also deine wahre Körpergröße und dein volles Gehirnpotenzial zu erreichen, musst du deinem Körper die richtigen Dinge zuführen.

Wer sich nur noch damit beschäftigt, den „perfekten" Body zu erreichen, schränkt oft seine Auswahl an Nahrungsmitteln ein, um Gewicht zu verlieren. Modediäten, die unserem Körper lebenswichtige Nähr-stoffe vorenthalten, bringen scheinbar den schnellen Abnehmerfolg, aber eigentlich sorgen sie nur für ein Gefühl der Schwäche, schlechte Laune und Heißhunger, der zuckerhaltige, industriell verarbeitete Lebensmittel plötzlich unwiderstehlich erscheinen lässt.

Bevor sie weiß, wie ihr geschieht, hat die Person auf Diät mehrere Packungen Gummibärchen und vier Tafeln Schokolade verschlungen, schämt sich dafür sofort ganz furchtbar und beschließt schuldbewusst, noch mal von vorn anzufangen mit der Diät: ein ungesunder Teufelskreislauf!

Wenn dein Körper und dein Gehirn maximale Leistung bringen sollen, musst du sie mit dem versorgen, was sie dafür benötigen.

Erfahrene Ernährungsfachleute sagen, du brauchst dazu:

- ❤ Fünf Portionen Obst und Gemüse täglich (das heißt zwei Stück Obst und drei Portionen Gemüse).

- ❤ Eine Portion Getreide täglich (also Haferflocken, Reis, Vollkornbrot – nicht Schokokekse und Burgerbrötchen).

- ❤ Proteine wie Fleisch, Fisch oder Eier oder – falls du vegetarisch oder vegan lebst – Nüsse, Soja und Hülsenfrüchte (Bohnen, Erbsen usw.).

- ❤ Drei Portionen Kalzium pro Tag. Kalzium ist in Milchprodukten wie Käse und Joghurt enthalten oder in Sojamilch, wenn du keine Milchprodukte zu dir nimmst.

Halte dich an diese Liste, lass den Zucker weg, lösch die Nummer vom Pizzaservice und du wirst sehen, wie deine Energie, deine Laune und deine Körperliebe sich aufladen.

REBEL-KÖRPER, ÜBUNG 2: Verwöhn dich mit gutem Essen

Recherchiere verschiedene gesunde Rezepte und Lebensmittel, die du leicht zubereiten kannst, und schreib sie auf den nächsten beiden Seiten auf. Es ist auch noch Platz für eine Einkaufsliste für alles, was du benötigst, um deine gesunden Mahlzeiten zuzubereiten.

EINKAUFSLISTE:

Schlussbemerkung: Verbanne das Wort „Diät" aus deinem Wort-schatz. Nutze Begriffe wie „Nahrung", „nahrhaftes Essen" und „Genuss". Wenn du gesundes Essen als etwas betrachtest, das dir Kraft, Vitalität und Goldstaub für deinen Kriegerinnenkörper bringt, wirst du motivierter sein, nach dem guten Zeug zu greifen.

Geh tanzen

Bewegung ist ein fantastischer Laune-Booster. Sie stärkt deinen Körper, hebt deine Stimmung, wirkt gegen Depressionen und macht dich widerstandsfähig gegen Krankheiten. Wenn du aktiv bist, schüttet dein Körper Serotonin und Endorphine aus. Diese Stoffe sorgen dafür, dass du motiviert bist, dich gut fühlst und bereit bist, dich dem Leben zu stellen.

Übrigens: Wenn du es nicht gewohnt bist, Sport zu treiben, oder dich eine Weile nicht bewegt hast, kostet es etwas Überwindung, damit anzufangen. Das ist ganz normal. Ich verstehe das total.

Komfortzonen und Chill-Tage sind verlockend, aber dein Körper ist **für Bewegung gemacht.** Dieses Wunderwerk aus Fleisch und Knochen, das du bewohnst, ist ein lebendiger, atmender Gladiator, der Training und Bewegung braucht, um seine wahre Kraft nutzen zu können. Sobald du dich an mehr Bewegung und einen erhöhten Puls gewöhnt hast und deine

Lungenkapazität sich verbessert hat, wirst du es nicht mehr missen wollen. Versprochen!

Hier sind ein paar Tricks, wie du von der Couchpotato zum Bewegungsfan wirst:

NUTZE DEINE FANTASIE. Denk an deine liebsten Action-
filmheld*innen, zum Beispiel die Heldin deines Lieblings-
Zombiefilms: Wie wurde sie so stark und cool? Sie ging raus,
machte sich dreckig, rannte vor Zombiehorden davon und
schwitzte – und zwar reichlich! Tu so, als ob du sie wärst, geh los
und zieh dein Ding durch.

NUTZE DEINE FREUNDE. Triff dich mit einer Freundin, damit ihr zusammen loslegen und euch gemeinsam motivieren könnt. Erzählt euch gegenseitig, was ihr vorhabt, und treibt euch an, wenn eine von euch doch dem Lockruf des Sofas zu erliegen droht. Sucht euch supercoole Aktivitäten! Jeder gibt doch gern mal ein bisschen an und wenn du sagen kannst, du bist jetzt Surferin, Kickboxerin oder eine Super-Yogi, sind das coole zusätzliche Bausteine für dein neues Ich.

NUTZE DAS ABENTEUER. Vielleicht bist du noch nicht alt oder reich genug, um im nächsten Sommer mit deinen besten Freundinnen auf eigene Faust eine Rucksacktour zu machen, aber Kurse und Gruppen auszuprobieren, kann deinem Leben auch eine neue Würze geben. Wenn du in alle möglichen Aktivitäten mal reinschnupperst, hast du die besten Chancen herauszufinden, was dir wirklich Spaß macht.

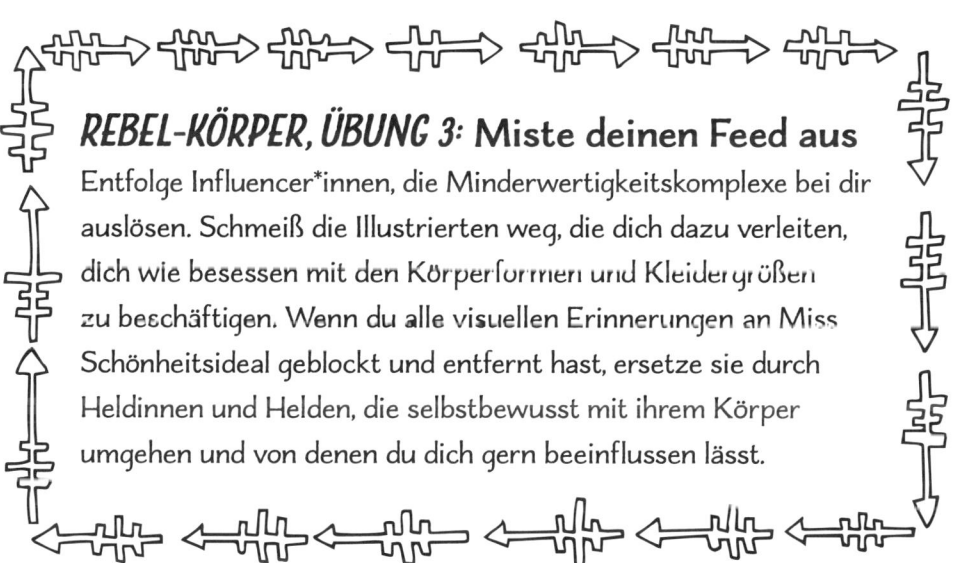

REBEL-KÖRPER, ÜBUNG 3: Miste deinen Feed aus

Entfolge Influencer*innen, die Minderwertigkeitskomplexe bei dir auslösen. Schmeiß die Illustrierten weg, die dich dazu verleiten, dich wie besessen mit den Körperformen und Kleidergrößen zu beschäftigen. Wenn du alle visuellen Erinnerungen an Miss Schönheitsideal geblockt und entfernt hast, ersetze sie durch Heldinnen und Helden, die selbstbewusst mit ihrem Körper umgehen und von denen du dich gern beeinflussen lässt.

Körpersprache

Dein Körper teilt der Außenwelt mit, wie du dich im Inneren fühlst. Vom Aufstehen bis zum Schlafengehen ist die Art, wie du dich bewegst, sitzt und stehst, ein körperlicher Ausdruck dafür, wie es gerade in dir aussieht.

Denk mal an die selbstbewussten Leute an deiner Schule. Sie stürmen in die Klasse,

lassen sich auf ihren Stuhl plumpsen, spreizen die Beine und breiten die Arme aus. Sie nehmen Raum ein und sorgen dafür, dass man ihre Anwesenheit spürt. Und jetzt denk mal an jemanden an deiner Schule, der wenig Selbstbewusstsein hat. Diese Person versteckt ihren Körper hinter verschränkten Armen, hält ihre Bücher vor der Brust umklammert, lässt die Schultern nach vorn sinken und sieht nach unten. Kurz: Sie macht sich selbst klein.

Studien haben gezeigt, dass selbstbewusste Menschen meist auf eine bestimmte Weise stehen, sitzen und gehen. Große Gesten und eine raumgreifende Körpersprache vermitteln die Botschaft, dass eine Person voller Selbstbewusstsein, Kraft und Macht steckt.

Dieselben Studien belegen auch, dass die Körpersprache bei weniger selbstbewussten Menschen Rückzug und Unterwürfigkeit ver-

„MEIN LÄCHELN MAG
ICH AN MEINEM KÖRPER
AM LIEBSTEN. ICH FINDE,
EIN LÄCHELN KANN
DEN GANZEN KÖRPER

AUSMACHEN."

Serena Williams

REBEL-KÖRPER, ÜBUNG 4: Fache dein Feuer an

Finde Bilder, die ausdrücken, wie du dich fühlen willst, wenn du absolut stark, gesund und fantastisch in deinem eigenen Körper wohnst. Klebe sie auf diese und die nächste Seite, dann reiß die Seiten heraus und häng sie an den Kühlschrank, um dich täglich zu erinnern, wer du bist und warum du deinen Körper mit allem bereichern willst, was er braucht, sowohl mit Nahrung als auch mit Bewegung.

> Dein Körper, dein BFF

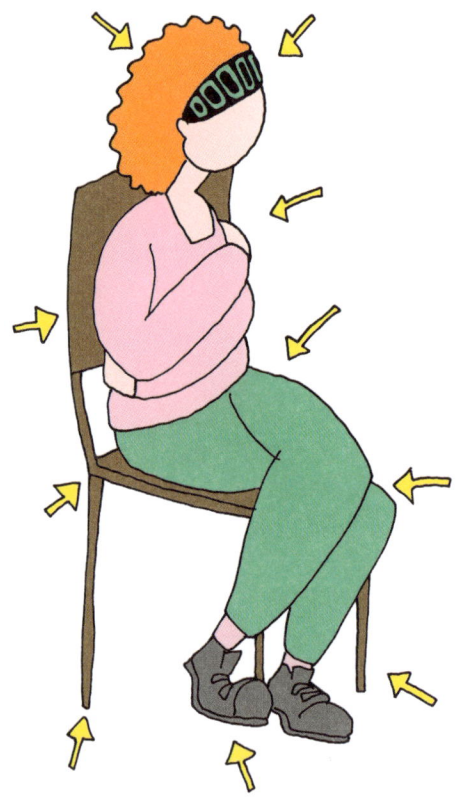

Dabei entsteht ein Dominoeffekt. Wenn du dich etwa beim Stehen klein machst und eine schüchterne Haltung einnimmst, halten die Leute dich für eine kleine, schüchterne Person. Das führt dazu, dass du dich noch unbedeutender fühlst. Wenn du hingegen eine selbstbewusste Haltung einnimmst, fühlst du dich mächtiger und vermittelst anderen das Bild, dass du eine hohe Selbstachtung hast und fest an dich glaubst. Dein Umfeld wird dich dann entsprechend respektvoll behandeln.

Jüngste Forschungen haben aber noch was Verblüffendes ergeben. Nicht nur die Leute um dich herum reagieren auf deine Körpersprache. Es gibt noch eine andere Person, die ständig beobachtet, wie du dich nach außen präsentierst. Hast du eine Ahnung, wer das sein könnte? Genau: **DU**.

Die Sozialwissenschaftlerin Amy Cuddy erklärt, wenn eine Person eine raumgreifende Körperhaltung einnimmt, werden in ihr Hormone freigesetzt, die das

mittelt. Sie kreuzen oft die Knöchel, verschränken die Arme, drücken die Hände gegen das Gesicht und berühren sich oft am Hals. Wenn jemand sich so klein macht, vermittelt er anderen damit, dass er sich schwach, unsicher und unfähig fühlt.

Außenstehende können deine Körpersprache lesen und behandeln dich entsprechend.

REBEL-KÖRPER, ÜBUNG 5: Sitzt du gut?

Hör kurz auf zu lesen und beobachte, wie du in diesem Moment sitzt. Bist du zusammengekauert, mit gebeugtem Rücken und gekreuzten Knöcheln? Oder sitzt du mit offenen Armen und Beinen ganz entspannt da? Deine Körperhaltung erzählt der Welt, wer du bist und wie du dich fühlst. Welche Botschaft vermittelst du gerade? Schreib die Antwort auf.

Dein Körper, dein BFF

Gefühl von Selbstbewusstsein, Selbstvertrauen und persönlicher Macht verstärken. Wenn jemand sich dagegen klein macht und eine Haltung der Machtlosigkeit einnimmt, wird ein Hormon ausgeschüttet, das Gefühle von Unsicherheit und Angst auslöst. Auf der Grundlage ihrer Forschungen behauptet Cuddy, wer nervös oder besorgt ist und zwei Minuten lang eine Powerpose einnimmt (siehe nächste Seite), dem helfen diese Hormone dabei, sich selbstbewusster und mächtiger zu fühlen.

Das bedeutet, dass du durch die Art, wie du sitzt oder stehst, ein Ventil aufdrehen kannst, das dein größtes, kühnstes und strahlendstes Selbstvertrauen einschaltet.

REBEL-KÖRPER, ÜBUNG 6: Powerposen

Probiere die vier Posen auf der gegenüberliegenden Seite aus. Wie fühlst du dich jeweils dabei? Notiere deine Eindrücke unten in der Liste. Überlege, wann du dich besonders unsicher oder nervös fühlst. Wie ist deine Körpersprache dabei? Könnte eine veränderte Körperhaltung dein Verhalten positiv beeinflussen?

Pose 1: ....

....

Pose 2: ....

....

Pose 3: ....

....

Pose 4: ....

....

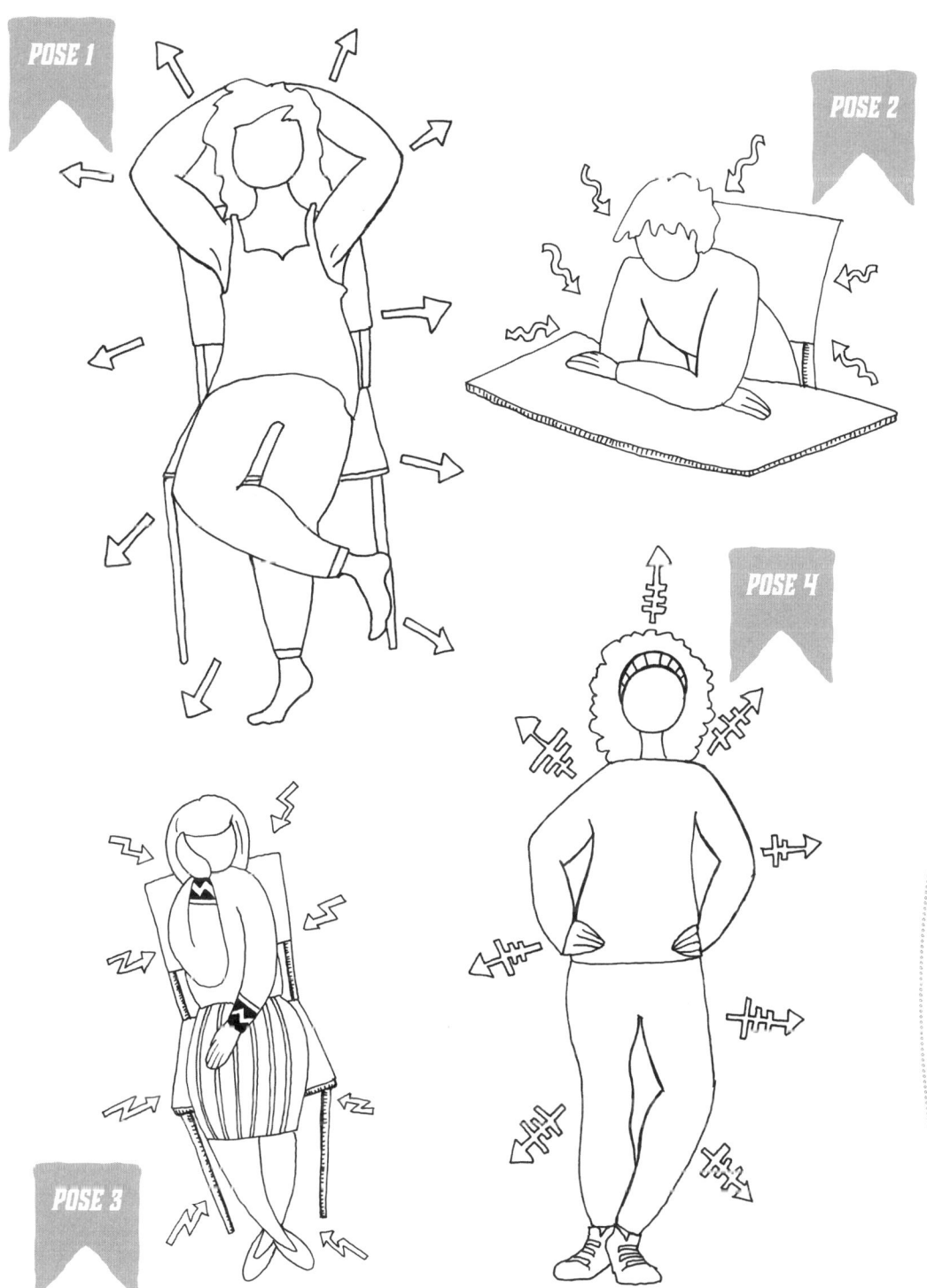

POSE 1

POSE 2

POSE 3

POSE 4

Körper-Label

Viele Mädchen machen sich klein, weil sie versuchen, Teile ihres Körpers zu verstecken, die sie nicht mögen. Sie ziehen den Bauch ein, hüllen sich in Schichten von Klamotten und laufen so, dass ihre angeblich „schlechten Teile" verborgen bleiben. Das ruiniert nicht nur unsere Körpersprache, sondern kostet auch eine irre Menge an Energie.

Zum Beispiel habe ich kürzlich mit einer jungen Frau namens Gemma gearbeitet. Zu diesem Zeitpunkt war Gemma seit fünf Monaten mit ihrem Freund zu-

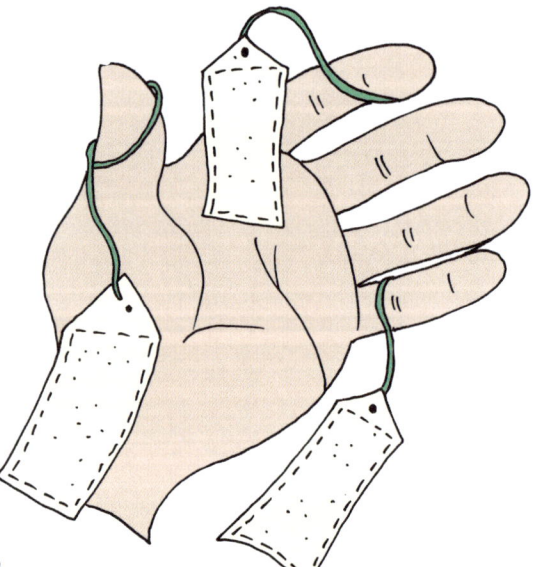

sammen. In diesen fünf Monaten, so erzählte sie mir, hatte sie bemerkt, dass die eine Seite ihres Gesichts attraktiver war als die andere. Sie entwickelte eine immer paranoidere Angst davor, dass ihr Freund ihre „schlechte Seite" zu sehen bekam, und hatte ihre ganze Beziehung damit verbracht, sich immer so zu positionieren, dass er nur ihre „gute Seite" sehen konnte. Sie wandte viel Zeit und Energie dafür auf, immer darauf zu achten, dass sie rechts von ihm saß, lief oder stand. Als Gemma zum Coaching zu mir kam, war sie erschöpft, litt unter Angstzuständen und schob richtig Panik, dass ihr Freund ihre „schlechte Seite" bemerkte und sie für unattraktiv hielt.

Gemmas Geschichte ist zwar ein besonders extremes Beispiel dafür, wie Menschen versuchen, ihre vermeintlichen Mängel zu verdecken, aber in Teilen erkennen sich sicher viele von uns darin

wieder. Hast du dir zum Beispiel schon mal ein Kissen auf den Schoß gelegt, um im Sitzen deinen Bauch zu kaschieren? Die Schultern hängen lassen, um weniger groß zu wirken? Oder vielleicht die Arme verschränkt, um deinen Busen zu verstecken?

Wenn du deinen Körper von solchen schrägen Arten des Gehens, Sitzens und Stehens entlasten und seine Großartigkeit sichtbar machen willst, gibt es eine einfache Methode: Nimm dir ein bisschen Zeit, darüber nachzu-

denken, mit welchen Bezeichnungen du deinen Körper beschreibst (sowohl positive als auch negative, siehe S. 70), und verpasse dann diesen Körper-Labels ein Upgrade. Mit Körper-Labels meine ich, wie du bestimmte Körperteile insgeheim für dich nennst.

Als ich klein war, erwähnte meine Mum mal, wie groß und breit meine Hände waren. Sie verglich meine „Bauarbeiterhände" mit denen meiner Cousine, deren lange, schlanke Finger wie zum Klavierspielen gemacht zu sein schienen. Danach war ich viele Jahre lang richtig befangen wegen meiner Hände. Ich versteckte sie in den Pulliärmeln und vermied es, auf irgendwas zu zeigen oder sonst was zu tun, das die Aufmerksamkeit auf ihr klobiges Aussehen lenken würde. Indem ich meine Hände versteckte, sandte ich mit meiner Körpersprache die Botschaft aus, dass ich nervös, schüchtern und verschlossen war.

Während ich im Laufe der Jahre aber meine persönliche Schönheit kultivierte, sah ich meine Hände irgendwann in einem anderen Licht. Mir wurde klar, dass nicht jeder Hände hat, die so zeichnen können wie meine oder Gärten bepflanzen oder wunderschöne Kalligrafien herstellen. Meine Hände sind fantastisch, einzigartig und begabt. Und weil ich meine Hände anders wahrnehme, verstecke ich sie jetzt nicht mehr. Im Gegenteil: Voller Selbstvertrauen zeigen, gestikulieren und kommunizieren meine Hände heute, was ich immer mit ihnen ausdrücken will.

REBEL-KÖRPER, ÜBUNG 7: Schreib deine Labels um

Notiere auf der nächsten Seite alle Körperteile und die Wörter, mit denen du sie beschreibst. Zum Beispiel „Beine: dick, wohlgeformt, stämmig. Augen: hübsch, dunkel, freundlich" usw. Nun betrachte dich durch Rebel-Beauty-Augen: Wie kannst du deine Selbstbeschreibung verbessern? Alles Positive ist erlaubt, schreib etwa „Hände: kreativ, begabt, können die Welt berühren". Beschwöre mit deinen neuen positiven Beschreibungen deinen Rebel-Körper herauf. Wie fühlt es sich an, dich durch diese Brille zu sehen? Verändert der positive Blick auf deinen Körper die Art und Weise, wie du ihn behandeln möchtest? Wie genau?

> Dein Körper, dein BFF

REBEL-STIMME

Erhebe deine Stimme!

Machst du dir Sorgen darüber, was andere von dir denken? Bleibst du manchmal lieber stumm, als zu sagen, was du wirklich denkst? Hast du schon mal Freundinnen gegenüber deine Gefühle heruntergeschluckt und sie dann später an jemand anderem ausgelassen?

Wenn du dich jemals klein, unbeachtet oder übersehen gefühlt hast oder dich oft auf alle möglichen Weisen verrenkst, um es anderen recht zu machen, musst du deine Rebel-Stimme trainieren.

Als Kinder werden wir ermuntert, die Bedürfnisse anderer über unsere eigenen zu stellen und uns um die Gefühle anderer Menschen zu kümmern. Das ist zwar eine gute Methode, freundliche und hilfsbereite Menschen großzuziehen, aber nur wenigen wird auch beigebracht, die eigenen Gefühle und Grenzen zu respektieren.

Stell dir vor, deine Freundin lässt dich ständig hängen und verrät andern deine tiefsten Geheimnisse. Jetzt stell dir vor, du sagst dieser Freundin nicht, dass ihr Verhalten dich stört, aus Angst, dass ihr euch dann streitet. Zuerst fühlt es sich vielleicht besser an, so zu tun, als ob es dir nichts ausmacht. Aber bald merkst du, dass diese Art der Kommunikation ein paar fiese Nebenwirkungen hat:

 Deine Gefühle stauen sich auf und du magst deine Freundin mit der Zeit immer weniger.

 Du bist unzufrieden mit dir selbst, weil dir der Mut fehlt, das Problem offen anzusprechen.

 Du fühlst dich in ihrer Gegenwart unglaubwürdig und verlogen.

 Nachts liegst du wach und führst innerlich Streitgespräche mit deiner Freundin, in denen du ihr sagst, was du wirklich denkst.

 Deine Gefühle gären in dir, du wirst bissig und lässt deine Laune an anderen aus.

 Schließlich triggert dich eine winzige Kleinigkeit, und es knallt ganz gewaltig zwischen dir und deiner Freundin. Die Wut, die du fühlst, steht in keinem Verhältnis zu der kleinen Sache, die sie getan hat, aber all das AUFGESTAUTE sprudelt plötzlich aus dir heraus wie glühende Lava aus einem Vulkan!

REBEL-STIMME, ÜBUNG 1: **Stell dich deiner Angst**

Es gibt ein paar tolle Methoden, wie du deine eignen Gefühle ausdrücken und mit Würde durchs Leben gehen kannst, ohne die Beziehungen zu deinen Mitmenschen zu zerstören. Aber bevor wir dazu kommen, hast du hier die Möglichkeit, all deine Ängste abzuwerfen, die dir bei dem Gedanken kommen, dich zu öffnen:

Wenn ich ausspreche, was ich fühle, werde ich vielleicht …

Wenn ich ausspreche, was ich fühle, werden die anderen …

Was mich am meisten davor abschreckt, anderen zu sagen, was ich wirklich denke, ist …

Das ist schon Schlimmes passiert, wenn ich anderen gesagt habe, was ich in dem Moment gedacht oder gefühlt habe …

So muss es nicht sein! Dich selbst und deine Bedürfnisse ernst zu nehmen, dich zu Wort zu melden und auch so zu handeln, wie **DU** redest, ist ein Teil deiner Rebel Beauty. Es bedeutet, dass du dich selbst wertschätzt. Je mehr du auf deine innere Stimme hörst und deine eigenen Gefühle zum Ausdruck bringst, desto stärker wirst du dich spüren und desto mehr wirst du dich selbst mögen.

Klar, die Vorstellung, der Welt deine wahren Gefühle mitzuteilen, kann unfassbar beängstigend sein.

Vielleicht ist es mal schiefgegangen, als du versucht hast, für dich einzustehen. Vielleicht gab es einen Riesenstreit und du hast dich übelst aufgeregt. Vielleicht hast du kein Wort herausgebracht und fühltest dich gedemütigt. Wenn das der Fall ist, denk daran, dass Vergangenheit und Gegenwart etwas anderes sind als die Zukunft. Ja, die Wahrheit über deine Gefühle zu sagen, kann zuerst unangenehm sein, aber deine Gefühle sind es wert, für sie zu kämpfen.

Kommunikation: Die hässliche Art

Will man herausfinden, **WIE** man etwas macht, ist es manchmal am besten, zu erkennen, wie man es **NICHT** machen sollte. Sehen wir uns mal den folgenden Teufelskreis der Kommunikation an.

1. Erwartung

Wir alle haben Erwartungen. Meistens sind uns unsere Erwartungen zum Glück nicht bewusst. Allerdings nur bis etwas, das wir erwartet haben, nicht eintritt. Zum Beispiel wachen wir alle morgens auf und erwarten, dass unser Zimmer noch da ist. Aber stell dir vor, du wachst auf, siehst dich um und erkennst, dass dein halbes Haus verschwunden ist. Das würde deine Erwartungen total über den Haufen werfen!

2. Das schmerzliche „PING" der Enttäuschung

Wenn Menschen mit verschiedenen Erwartungen herumlaufen, bleibt es nicht aus, dass diese Erwartungen manchmal nicht erfüllt werden. Das kann eine ganze Palette unterschiedlicher Gefühle auslösen. Manche Menschen verspüren Wut, Ärger, Traurigkeit oder vielleicht sogar Verrat, aber in den meisten dieser Gefühle verbirgt sich ein Kern aus Enttäuschung. Stell dir vor, du hast dich mit deiner besten Freundin zum Shoppen verabredet. Du freust dich darauf, sie zu treffen (Erwartung), aber kurz vorher ruft sie an und sagt ab. Oder vielleicht ruft sie auch nicht an und kommt einfach nicht. Wie würdest du dich fühlen? Sauer? Möglicherweise. Enttäuscht? Definitiv!

3. Versiegelte Lippen

Wenn ihre Erwartungen enttäuscht werden, verdrängen viele Leute ihre Gefühle und versiegeln ihre Lippen. Ja, vielleicht verspüren sie Enttäuschung, aber weil die meisten von uns gelernt haben, erst an die Gefühle anderer zu denken, sagen sie vermutlich zunächst nichts.

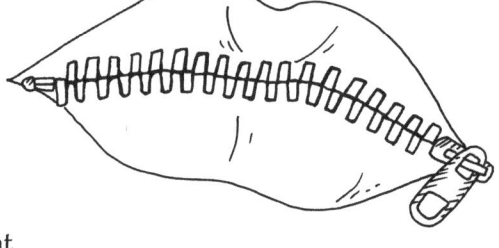

Denk noch mal an das Beispiel mit der Freundin, die in letzter Sekunde absagt. Wenn sie das vorher noch nie gemacht hat, würdest du wohl sagen: „Kein

Problem! Alles gut. Wir verschieben das einfach." Du würdest deine Gefühle herunterschlucken und deine Enttäuschung nicht zeigen. Aber wenn deine Freundin dich schon oft versetzt hat und du früher schon immer so getan hast, als wäre es nicht schlimm, würden all diese vergrabenen Gefühle wieder aufwallen und wären viel schwieriger zu ignorieren. Wenn sich Enttäuschung anstaut, kann sie sich schnell vervielfachen und in Wut und Verbitterung umschlagen.

4. Unangenehmen Gefühlen um jeden Preis ausweichen

Das Problem an aufgestauten Aggressionen: Wir können sie ausblenden, aber sie sind immer noch in uns und sorgen dafür, dass wir uns angespannt und wütend fühlen. Wie ein stinkender Hundefurz in deinem Zimmer – solange du nicht lüftest, bleibt der Mief hängen!

Oft weichen Menschen schmerzlichen Gefühlen aus, indem sie sich mit vorübergehenden Wohlfühlpflastern ablenken, die meist mehr Schaden in uns anrichten, als uns klar ist. Das können zum Beispiel sein:

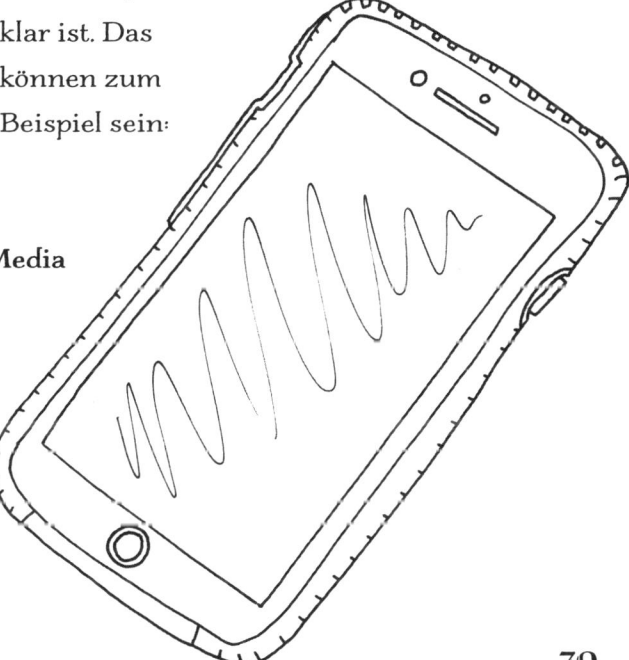

 endloses Scrollen durch Social Media

 tonnenweise Selfies machen

 alle Schokokekse im Haus auffuttern

 rauchen

79

Selbstverletzungen

 übermäßig Sport treiben

 Drogen oder Alkohol

Nichts davon hilft dir dabei, mit den Gefühlen umzugehen, die du da gerade zu verdrängen versuchst. Sobald die anfängliche Erleichterung nachlässt oder du mit der Ablenkung aufhörst, stürzen die versteckten Emotionen wieder auf dich ein! Wenn du dich über längere Zeit in solche Ersatzhandlungen flüchtest, können daraus Süchte und ernsthafte gesundheitliche Probleme entstehen. Kurz gesagt: Gefühle zu unterdrücken funktioniert auf Dauer ganz einfach nicht!

5. Die große Wut!

Jedes sich Auf-die-Zunge-Beißen, jedes Ignorieren dessen, wie du dich fühlst, explodiert irgendwann in einem gigantischen WUTAUSBRUCH, wenn sich genug negative Gefühle angesammelt haben.

Da ist sie wieder, die Freundin, die sich ständig mit dir verabredet und dich dann versetzt. Stell dir vor, sie kommt wieder mal zu spät, diesmal seid ihr in der Schulmensa verabredet. Du merkst, dass du beim besten Willen nicht noch mehr Enttäuschung

schlucken kannst, und so reicht diese eine kleine Verfehlung, um einen gewaltigen Wutausbruch auszulösen. Deine Freundin sieht dich an und denkt: „Wie ist die denn auf einmal drauf?" Sie hat KEINE AHNUNG, dass deine Wut sich durch unzählige enttäuschte Erwartungen angestaut hat.

6. Emotionsorgie

Was deine Gefühlsexplosion auslöst, hängt von der jeweiligen Situation ab. Wahrscheinlich gerätst du in einen Riesenstreit mit jemandem und wenn du deine Wut losgeworden bist, weinst du und brichst zusammen und sagst der Person all das, was du die ganze Zeit zurückgehalten hast. Jede einzelne Verletzung und Enttäuschung kommt in einem klebrigen, schnoddrigen, tränenreichen Klumpen ans Tageslicht. Wenn die betroffene Person dich mag, wird sie zuhören, deine Unzufriedenheit wahrnehmen und entsprechend reagieren.

Aber manchmal wird durch einen großen Streit nichts gelöst, weil niemand so recht weiß, wie man richtig kommuniziert (viele von uns haben keine Ahnung, wie man Gefühle ausdrücken soll). Es kann sein, dass der aufgestaute Groll der Beziehung einen dauerhaften Schaden zugefügt hat. Doch egal, ob die Beziehung zu dieser Person weitergeht oder nicht, wenn du dich weiterhin vor der Kommunikation deiner Gefühle drückst, geht der Teufelskreis immer wieder von vorn los.

Die meisten Menschen bleiben ihr ganzes Leben in diesem Wirbel aus Emotionen und Handlungen gefangen. Erst verdrängen sie ihre wahren Gefühle, dann reicht ein Funke und ALLES explodiert in einem gewaltigen Wutausbruch. Und schon beginnt das ganze Drama wieder von vorn.

Erhebe deine Stimme!

REBEL-STIMME, ÜBUNG 2:
Gesteh dir deine Muster ein

Was tust du, um deine Gefühle zu verdrängen, wenn du dich
ärgerst? Erkennst du in der „hässlichen Art der Kommunikation"
dein eigenes Verhalten wieder? Liste auf, was dir bekannt
vorkommt.

Kommunikation:
mit deiner Rebel-Stimme

Glücklicherweise bleibst **DU** nicht in diesem Teufelskreis gefangen! Warum?

Weil du eine Rebellin bist. Du bist dabei, die Norm umzudrehen und die Meisterin deiner eigenen Stimme, Kommunikation, Beziehungen und deines eigenen Schicksals zu werden. Du wirst lernen, deine Gefühle kraftvoll, präzise und klar zum Ausdruck zu bringen. Keine Emotionsorgien mehr. So geht's:

Erhebe deine Stimme!

1. Erwartung

Sorry, hier gibt es keine einfache Lösung – deine Erwartungen wirst du nicht einfach so los. Auch als Rebel-Schönheit wirst du immer noch bestimmte Dinge erwarten. Das ist ein grundlegender menschlicher Instinkt, mit dem wir alle leben müssen.

2. Das schmerzliche „PING" der Enttäuschung

Da du weiter Erwartungen haben wirst, werden auch Enttäuschungen nicht ausbleiben. Du wirst immer mal wieder hängen gelassen. Deine beste

Freundin wird „vergessen", dir das geliehene Make-up zurückzugeben, deine Mum wird sich in einem Streit auf die Seite deiner Schwester schlagen. Es wird also immer Dinge geben, die dich aufregen, und du wirst gelegentlich das Verlangen verspüren, dich einzuigeln und diese Enttäuschung vor sich hinbrodeln zu lassen.

3. Rebel-Stimme

ABER statt zu verstummen, der Realität zu entfliehen oder DIE GROSSE WUT zu bekommen, lässt du beim nächsten Mal deine Rebel-Stimme sprechen. Und das geht so:

♥ Vertraue darauf, dass es in Ordnung ist, zu fühlen, was du fühlst. Das Schlimmste, was man mit Gefühlen machen kann, ist, sie zu verdrängen. Atme tief durch und achte darauf, was diese Gefühle in deinem Körper auslösen. Vielleicht kannst du dein Empfinden in deinem Tagebuch beschreiben und als Bild oder Symbol zeichnen.

♥ Wenn du bereit für ein Gespräch mit der Person bist, die dich enttäuscht hat, nenne zuallererst nüchtern die FAKTEN. Beschreibe einfach, was passiert ist und worüber ihr euch einig seid, z. B.: „Wir hatten uns für Samstag verabredet und dann hast du mir geschrieben, dass du doch nicht kommst."
Dann erklärst du deinem Gegenüber, welche Gefühle der Vorfall bei dir ausgelöst hat. Auf diese Weise beschuldigst du sie nicht und bringst sie damit in eine Verteidigungshaltung, sondern erklärst einfach, wie du dich in dieser Situation gefühlt hast, z. B.: „Ich war echt enttäuscht, als das mit unserer Verabredung nicht geklappt hat, weil ich mich schon so drauf gefreut hatte."

♥ Jetzt kommt der schwierige Teil. Hör zu, was die andere Person zu sagen hat. Ich meine damit WIRKLICH zuhören. Denk nicht daran, wie sauer du bist, und hör dir ihre Seite der Geschichte an. Vielleicht entschuldigt sie sich, weil sie sieht, dass du sauer bist. Vielleicht erklärt sie, was los war, zum Beispiel: „Meine kleine Schwester wird in der Schule gemobbt und ich musste ein bisschen Zeit mit ihr verbringen."

Möglicherweise erzählt dir die andere Person etwas, das du gar nicht auf dem Schirm haben konntest. Vielleicht leidet sie unter Depressionen und es fällt ihr manchmal richtig schwer, aus dem Haus zu gehen, aber sie hatte immer Angst, das zuzugeben. Es kann natürlich auch sein, dass sie dich einfach so versetzt hat.

♥ Finde heraus, was du willst. Es ist immer möglich, dass die Person, mit der du sprichst, nicht „hört", wie du dich fühlst, die Situation übergeht oder sofort in Verteidigungsstellung geht, wenn du sie ansprichst.

Nimm zum Beispiel die Freundin, die eure Verabredung hat platzen lassen. Wenn sie hört, was du ihr zu sagen hast, und ihr Verhalten trotzdem nicht ändert oder keinen triftigen Grund hat, dich hängen zu lassen, musst du dich entscheiden, ob du dich weiterhin mit ihr verabreden willst. Ist sie es wirklich wert, deine Freundin zu sein? Wenn sie dir andererseits Gründe nennt, warum sie nicht erschienen ist, denk darüber nach, ob das für dich in Ordnung ist und ob du eine Entschuldigung akzeptieren kannst.

♥ Hast du deine Gefühle auf diese Weise zielgerichtet und sinnvoll geäußert, bist dabei cool geblieben und hast dir die Gegenseite angehört, stärkt dich ein solches Gespräch mental. Selbst wenn die andere Person dich nicht so richtig „gehört" hat, hast du trotzdem deine eigenen Gefühle wahrgenommen und bist für sie eingetreten. Das ist ein gewaltiger Schritt nach vorn für den Aufbau deines Selbstvertrauens, deines Selbstwertgefühls und zur Entfesselung deiner rebellischen inneren Schönheit.

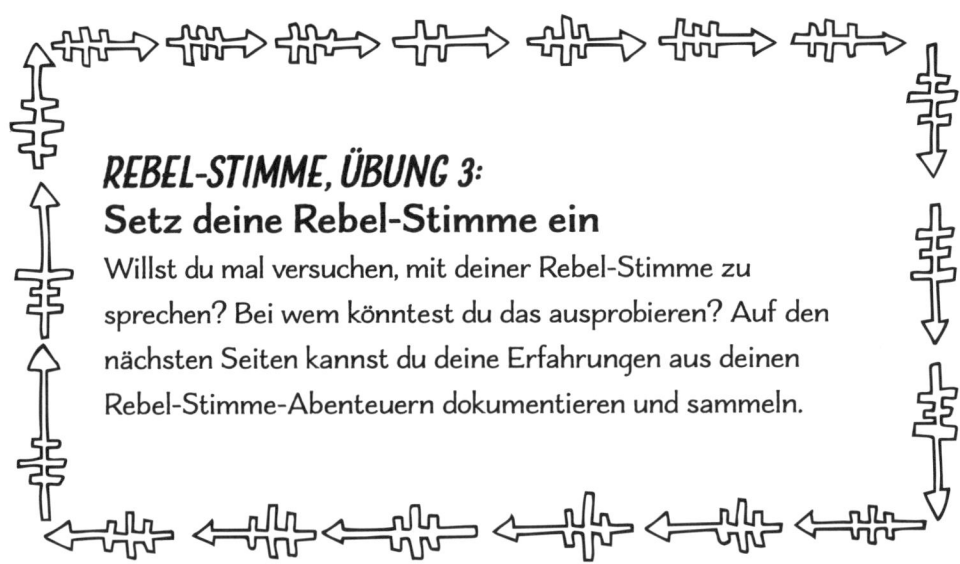

REBEL-STIMME, ÜBUNG 3:
Setz deine Rebel-Stimme ein

Willst du mal versuchen, mit deiner Rebel-Stimme zu sprechen? Bei wem könntest du das ausprobieren? Auf den nächsten Seiten kannst du deine Erfahrungen aus deinen Rebel-Stimme-Abenteuern dokumentieren und sammeln.

DIE SITUATION:

MEINE ERWARTUNGEN:

ICH WURDE ENTTÄUSCHT VON:

MEINE REAKTION:

DAS ERGEBNIS:

WAS ICH BEIM NÄCHSTEN MAL ANDERS MACHEN WERDE:

Erhebe deine Stimme!

DIE SITUATION:

MEINE ERWARTUNGEN:

ICH WURDE ENTTÄUSCHT VON:

MEINE REAKTION:

DAS ERGEBNIS:

WAS ICH BEIM NÄCHSTEN MAL ANDERS MACHEN WERDE:

DIE SITUATION:

MEINE ERWARTUNGEN:

ICH WURDE ENTTÄUSCHT VON:

MEINE REAKTION:

DAS ERGEBNIS:

WAS ICH BEIM NÄCHSTEN MAL ANDERS MACHEN WERDE:

> Erhebe deine Stimme!

REBEL-
PASSION

Finde dein Element

Leidenschaft, Passion – das ist das, was du liebst: die Hobbys, Musik, Personen oder Orte, die dir Kraft geben, dein Herz zum Klingen bringen und deine Seele beflügeln.

Leidenschaft ist wie ein kleines Feuer, das in uns brennt und von unserer Einzigartigkeit genährt wird. Was für den einen einfach WOW ist, erscheint jemand anderem völlig durchgeknallt. Ich zum Beispiel stehe gerade voll auf Kickboxen und japanischen Schwertkampf, während du vielleicht beim Gedanken an einen bestimmten Musikstar Herzchenaugen bekommst.

Unsere Leiden-schaften sind nicht unveränderlich. Sie verschieben sich und wachsen ständig. Manchmal erleben wir eine Flaute, wenn unser inneres Feuer nur noch glimmt und wir uns fragen, warum das Leben gerade so ätzend ist. Aber wenn wir ein bisschen auf Forschungsreise gehen, neue Abenteuer erleben und unseren Horizont erweitern, können wir das Feuer neu entfachen.

REBEL-LEIDENSCHAFT, ÜBUNG 1:
Entdecke, wofür du brennst

Kreise alle Wörter ein, die dich interessieren und die
Begeisterung in dir auslösen. Natürlich kannst du auch deine
eigenen Wörter dazuschreiben, wenn du magst.

Abenteuer Essen **Kunst**

Filme **Tiere**

Skaten **Reisen** Kultur

Musik Internet Theater

Jetzt schreib einen kurzen Satz darüber, was genau du an den
Dingen magst, die du eingekreist hast. Aber Achtung: Schon das
Nachdenken über das, was du in deinem Leben und der Welt
liebst, kann dir ein Lächeln ins Gesicht zaubern.

Deine Leidenschaft, dein Glück

Man will uns ständig weismachen, dass wir unser Glück finden, wenn wir ein bestimmtes Ding kaufen, unser Körper so und so aussieht, wenn wir eine Hollywoodkarriere hinlegen oder so reich sind, dass wir für jeden Wochentag einen anderen Privatjet kaufen können. Das Problem daran: Wenn du dein Glück an etwas Äußerem festmachst, kannst du dir nie sicher sein, dass das, worauf du deine Aufmerksamkeit richtest, dir dieses Glück auch wirklich bringt.

Wenn du dich aber auf dein Inneres konzentrierst und entdeckst, wofür du wirklich brennst, um diesen Dingen dann möglichst viel Raum in deinem Leben zu geben, dann bist DU deines Glückes Schmied.

In diesem Augenblick denken bestimmt einige von euch entmutigt: „Ich habe aber absolut NULL Plan, was meine Passionen sind!"

Ich verrate euch was: Die meisten von uns brauchen ein paar Jahre, um herauszufinden, wer sie sind und was sie mögen. Sogar einige Erwachsene gehen noch auf Rucksacktour durch Indien, machen Yoga-Urlaub auf einem Berg oder laufen Ultramarathons durch die Wüste, um sich „selbst zu finden".

SPOILER: Um dich selbst, deine Leidenschaften und deine einzigartige Schönheit zu ent decken, musst du nicht auf einen Berg steigen oder die Chinesische Mauer ablaufen. Dein wahres Ich ist genau hier, genau jetzt, in **DIR**. Alles, was du jemals über dich lernen wirst, wird immer hier passieren – in deiner eigenen, subjektiven Erfahrung. Wenn du dir selbst vertraust und deinen Geist für neue Dinge, Vorstellungen, Themen und Geschichten öffnest, wird dein inneres Feuer irgendwann hell auflodern und dich von innen heraus zum Leuchten bringen.

REBEL-LEIDENSCHAFT, ÜBUNG 2:
Lass dich ablenken

Schreib alles auf, was jemals dein Interesse geweckt, dich von den Hausaufgaben abgelenkt oder dich superglücklich gemacht hat. Das können Dinge sein, die du als kleines Kind erlebt hast, oder auch etwas, das du mal machen willst, wenn du älter bist.

Deine Leidenschaft, deine Begabungen

Unsere Leidenschaften können uns zu einer Karriere oder einem Beruf führen. Wenn dich zum Beispiel Schreiben glücklich macht, wäre vielleicht ein Job im Journalismus was für dich. Oder wenn du dich für Make-up, Frisuren und Geschichte begeisterst, könntest du am Filmset Frisuren und Make-up der Mitwirkenden bei Kostümschinken stylen.

Oft ist es nicht so wichtig, wie gut du schon in deiner Passion bist, wenn du nur für die Sache brennst. Denn wenn du etwas so gerne machst, dass du es immer und immer wieder tust, wirst du darin automatisch besser werden, bis du es fantastisch beherrschst.

Es funktioniert auch umgekehrt: Wenn wir uns an einem Ort oder mit einer Tätigkeit unwohl fühlen, hilft uns das, zu erkennen, was wir wirklich wollen. Wenn du es furchtbar findest, wo du gerade bist, dann bist du wohl wirklich am falschen Platz.

Tulisa hasste etwa die Schule. Sie fand den Unterricht langweilig und sie wollte nur raus aus dem stickigen Klassenzimmer und ins Freie. Weil sie sich nicht die Zeit nahmen, sie zu verstehen, galt sie bei ihren Lehrern als unartig und störend. Unzählige Stunden Nachsitzen hatten aber keinerlei positive Wirkung auf ihr Verhalten.

97

Tulisa wollte sich von mir coachen lassen und nachdem wir uns eine Weile unterhalten hatten, erzählte sie mir von ihrem Pferd. Als sie beschrieb, wie gerne sie ritt und sich im Stall und bei den Tieren aufhielt, sich die Hände beim Ausmisten schmutzig machte und als Freiwillige bei einem Programm mit Pferden mithalf, schien ein ganz anderes Licht aus ihr zu leuchten. Sie war wach, lebendig, in ihrem Element und voller Leidenschaft. Ihre Augen funkelten, und plötzlich war sie eine Quelle des Wissens und der Begeisterung.

„Dir ist schon klar, was das bedeutet?", fragte ich.

„Was denn?", erwiderte sie.

„Tulisa. Du bist eine Pferdefrau. Du musst draußen bei den Pferden sein. Das ist deine Passion und genau das musst du tun, damit es dir gut geht."

Tulisa begann auf einem Pferdehof in der Nähe zu arbeiten und bereute es nicht. Ihre Lehrer waren erleichtert, denn nachdem sie ihre Berufung gefunden hatte, konnte sie sich in der Schule besser konzentrieren. Tulisa war nämlich weder unartig noch ein Störenfried, sondern die Schulumgebung passte einfach nicht zu der einzigartigen, begabten Person, die sie war. Ihre wahren Leidenschaften und Talente lagen woanders. Als sie diesen Teil von sich ausleben durfte, blühte sie unglaublich auf.

REBEL-LEIDENSCHAFT, ÜBUNG 3: Nach vorn sehen

Stell dir vor, du bist in der Zukunft und denkst über dein fantastisches Leben nach, in dem du all das tun kannst, was du gern tust. Beantworte die Fragen der Reihe nach, um dein Traumleben auszuschmücken.

1. Wo wachst du auf?

2. Was tust du als Erstes, wenn du aufwachst?

3. Wer ist bei dir?

4. Was hast du an?

5. Wie verbringst du den Vormittag?

6. Wo isst du zu Mittag und was gibt es?

7. Wie verbringst du den Nachmittag?

8. Was machst du abends?

9. Was ist der Höhepunkt deines Tages?

10. Wie fühlst du dich in diesem Leben, das du dir selbst geschaffen hast?

Zeichne ein Bild, wie du dein Leben voller Leidenschaften lebst.
Wie würdest du dich fühlen? Was wäre das Schöne an deinem
Leben? Welches Thema hätte es? Wovon wärst du umgeben?

Deine Leidenschaft, deine Großartigkeit

Wie fühlt es sich an, wenn du von etwas total begeistert bist? Vergisst du alles um dich herum? Scheint die Zeit schneller oder langsamer zu vergehen? Wie fühlst du dich in deinem Körper und in deinem Ich, wenn du in deinem Element bist? Stell dir vor, du könntest dieses Gefühl in Flaschen abfüllen und jederzeit darauf zugreifen.

Was du empfindest, wenn du in deinem Element bist, ist so einzigartig, wie du es bist. Die Art und Weise, wie du diese Gefühle beschreibst, ist so individuell wie dein Fingerabdruck. Diese Kombination von Gefühlen nennen wir deine „Großartigkeit", das ist dein Sinn von Schönheit.

Genau dieses Gefühlspaket fangen wir jetzt ein, damit du überall und jederzeit darauf zugreifen kannst.

Sicher fragst du dich jetzt: „Wie fängt man denn Gefühle ein? Ich habe doch kein magisches Netz, mit dem ich Emotionen einfangen kann wie Schmetterlinge!"

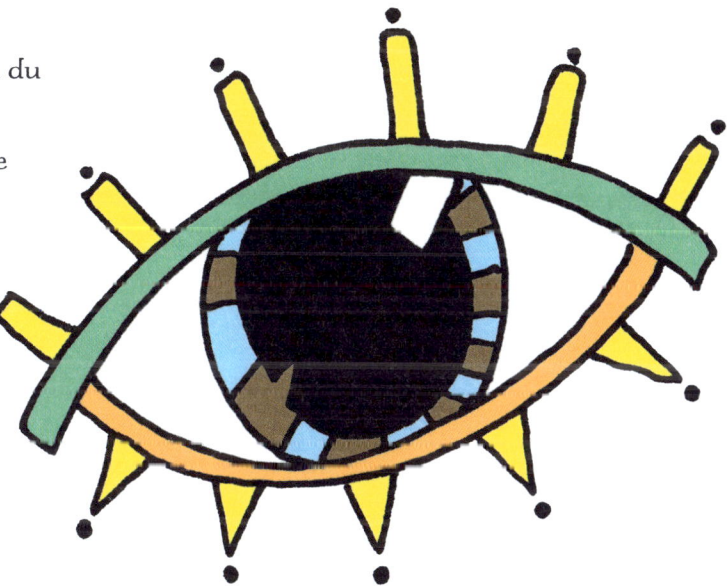

Meine Antwort: Du wirst deine Gefühle mithilfe einer psychologischen Technik einfangen, die Levi's, Coca Cola und Netflix zu weltweiten Top-Marken gemacht haben.

Bau deine Marke auf

Eine Marke ist ein unverwechselbares Symbol, Logo, ein Name, ein Wort oder ein Satz, mit dem Unternehmen ihr Produkt von anderen abheben. Weil wir überall von Marketing umgeben sind, kennen wir Hunderttausende Marken. Wir glauben zwar, dass wir sie gar nicht wahrnehmen, aber unser Unterbewusstsein reagiert auf die Bildsprache und emotionalen Impulse einer Marke und so nistet sie sich heimlich bei uns ein.

Marketing nutzt Wörter und Symbole, die bedeutsam, vertraut und attraktiv sind. So können Marken die Identität ihres Produktes tief in unser Unterbewusstsein einpflanzen. Durch Fernsehwerbung, Werbeposts und sorgfältig ausgewählte Szenen, die unsere innersten Wünsche

ansprechen, gelingt es den Unternehmen, starke emotionale Trigger mit ihrer Marke und ihren Produkten zu verbinden. Zum Beispiel zeigt ein Getränkehersteller eine Menge Bilder von coolen Hipstern, die an einem Traumstrand in der Sonne abhängen. Die Bilder sollen unsere inneren Wünsche nach Zugehörigkeit, Freiheit, Akzeptanz und Beliebtheit ansprechen. Im Prinzip wollen wir selbst diese Hipster sein.

Das Ergebnis?

Als Betrachtende verknüpfen wir diese Gefühle unbewusst mit der Marke, und die Kombination aus starken visuellen und emotionalen Verknüpfungen bringt uns dazu, das Produkt zu kaufen. Die emotionale Beziehung, die wir zu Marken aufbauen, macht sie so mächtig.

Jetzt stell dir vor, du entwirfst dein eigenes Markenlogo, das in dir Gefühle von Glück, Schönheit, Zufriedenheit und Selbstvertrauen auslöst. Stell dir vor, jedes Mal, wenn du es ansiehst, könntest du das Gefühl von Stärke und Großartigkeit heraufbeschwören, das du sonst nur verspürst, wenn du total in deinem Element bist.

Was, wenn du dir dieses Logo nur vor deinem inneren Auge vorstellen musst, wo immer du auch bist und egal, wer gerade bei dir ist, und sofort spüren kannst, wie dieses Gefühl von Verbundenheit und Großartigkeit dich erfüllt? Klingt gut? Super, genau das wirst du jetzt tun.

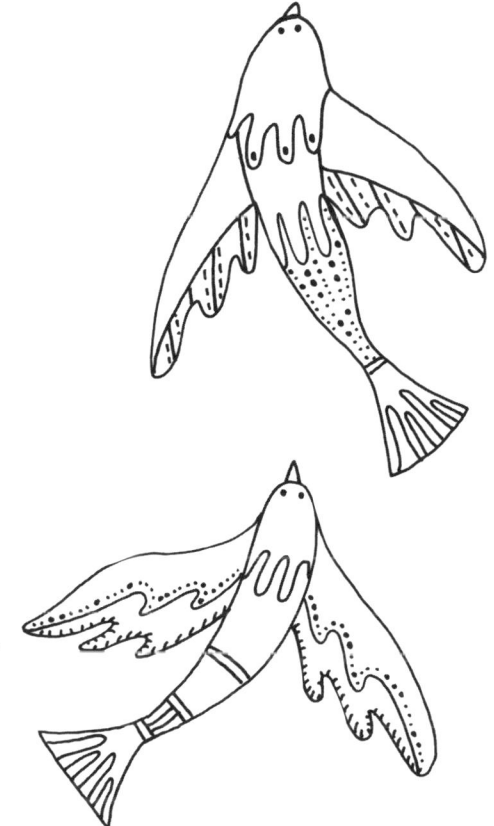

Schritt 1: **Visualisieren**

Dein Gehirn kann seltsamerweise nicht unterscheiden, ob du etwas tust oder ob du dir nur vorstellst, es zu tun. Wenn du dir also ausmalst, wie du an einem schönen Ort bist und etwas machst, was du total liebst, rufst du damit automatisch das innere Gefühl von Glück und Zufriedenheit wach. Leg das Buch hin, stell dir einen Timer auf fünf Minuten und stell dir vor, wie du das machst, was du am liebsten tust – mit Freunden abhängen, Musik hören, tanzen, egal was. Nach fünf Minuten öffnest du die Augen auf und gehst zu Schritt 2.

Schritt 2: **Einfangen**

Schreib nun alles auf, was du vorhin gefühlt hast. Warst du frei, glücklich, begeistert? Wie hast du deinen Körper empfunden: leicht, entspannt, energiegeladen? Wenn du alle deine Empfindungen notiert hast, nimm die sieben stärksten Gefühle und schreib diese in die Kästchen auf der nächsten Seite. Wenn dir nichts einfällt, sieh dir die Beispiele oben auf der nächsten Seite an, vielleicht passen davon ja einige. Zum Schluss sollst du sieben wirklich starke Gefühlswörter haben.

Rebel Beauty ✳ für dich

fürsorglich echt frech schrill fit
lebhaft positiv intelligent
selbstbewusst geliebt empfindsam
exotisch stark liebenswürdig verbunden
Überfliegerin klug ehrlich
clever respektiert einzigartig energiegeladen
abenteuerlustig kraftvoll cool im Fluss
spirituell frei ungewöhnlich witzig
erfolgreich kompetent reich weich
elegant gesund
natürlich freundlich
aufmerksam unabhängig kreativ

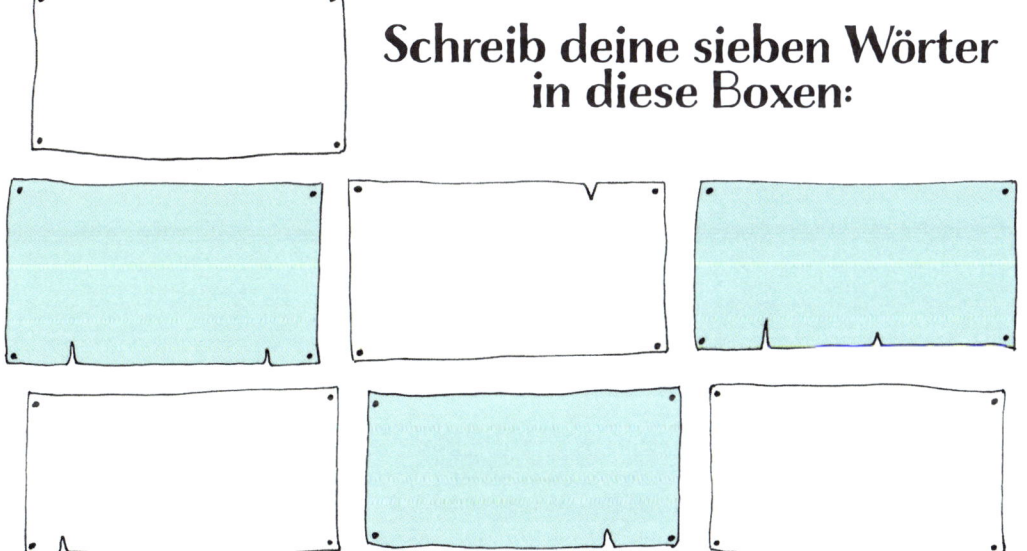

**Schreib deine sieben Wörter
in diese Boxen:**

Schritt 3: **Zeichnen**

Zeichne zu deinen sieben Wörtern sieben Symbole, die für diese Gefühle stehen. Das müssen keine Kunstwerke werden. Solange du weißt, was sie bedeuten, ist alles gut. Wenn dir keine Symbole einfallen, kannst du die Gefühle, die deine Wörter auslösen, auch verschiedenen Tieren zuordnen. Wenn du etwa „frei" aufgeschrieben hast, könntest du einen Vogel dazu zeichnen. Oder für „kraftvoll" einen Löwen. Halte die Symbole einfach und mal sie bunt aus.

Schritt 4: Deine Marke

Auf der visuellen Darstellung gründen die größten Unternehmen der Welt ihre Macht. Deine Aufgabe ist es nun, alle sieben Symbole in einem Bild zu kombinieren. Lass deiner Kreativität freien Lauf! Verbinde die Symbole auf irgendeine Weise. Egal, wenn es komisch aussieht oder wenn du ein paar Symbole verändern musst. Ist dein Markenbild fertig, malst du es mit kräftigen Farben aus. Dein Unterbewusstsein wird von Farben angezogen; je stärker also die visuelle Darstellung, desto tiefer dringt sie in dein Gedächtnis.

Deine Leidenschaft, deine Großartigkeit

Schritt 5: **Absorbieren**

Damit deine Marke in dir Gefühle von Großartigkeit wecken kann, muss dein Gehirn sie mit den Gefühlen verknüpfen, die du empfindest, wenn du etwas tust, wofür du brennst. Sobald dein Gehirn diese Verknüpfung hergestellt hat, musst du dir das Bild nur noch vorstellen, um dich positiv, selbstbewusst und schön zu fühlen.

Frage: Wie trainierst du dein Gehirn?

Antwort: Du siehst dir deine Marke jeden Tag an und denkst fest an die Gefühle, die darin eingeschlossen sind.

Man sagt, dass es 21 Tage dauert, eine neue Gewohnheit anzunehmen. Wie kannst du dich selbst verpflichten, 21 Tage lang täglich die Marke deiner Großartigkeit anzusehen? Könntest du sie als Sperrbildschirm auf dein Handy laden? Könntest du sie an die Wand hängen? Egal wie, erinnere dich jedes Mal, wenn du sie ansiehst, an die positiven Gefühle. Stell dir vor, du bist in deinem Element, damit diese Gefühle in dir aufsteigen, während du das Bild ansiehst. Tu das, so oft du kannst, aber mindestens einmal pro Tag.

REBEL-LEIDENSCHAFT, ÜBUNG 4 : Bring deine Leidenschaft ins Spiel

Schreib auf, wie dein Leben sich verbessern könnte, wenn du die positiven Gefühle für deine Rebel-Leidenschaft mehr in deinen Alltag holst. Wäre dein Leben zu Hause anders? Würde dein Glückslevel steigen? Würden sich Schule, Freundschaften und deine Vorstellungen von der Welt und deiner Zukunft verschieben?

Deine Leidenschaft, deine Großartigkeit

REBEL-
KRAFT

Dein Zyklus und du

Du hast dir tagelang mit deiner besten Freundin den Kopf darüber zerbrochen. Hast geschaudert, als das Thema im Bio-Unterricht kam. Dich gefragt, wann du sie wohl bekommst, und darüber spekuliert, wer sie schon hat. Dann eines Tages bemerkst du Blut in deiner Unterhose und dir wird klar, dass es so weit ist. Schluck!

JEPP, DU HAST DEINE TAGE.

In diesem Moment, der dein Leben auf den Kopf stellt, gehen dir alle möglichen Gedanken und Fragen durch den Kopf.

„OMG, ist das Blut?"

„OMG, heißt das, ich bin jetzt eine Frau?"

„OMG, wie benutzt man diese Bindendinger? Fühlt sich das nach Windel an?"

Die erste Periode macht dich unumkehrbar zur Frau. Macht etwas Angst, oder? Muss es aber nicht. Nach der ersten Blutung kann es mehrere Monate dauern, bis dein Körper seinen Rhythmus gefunden hat. Aber keine Sorge,

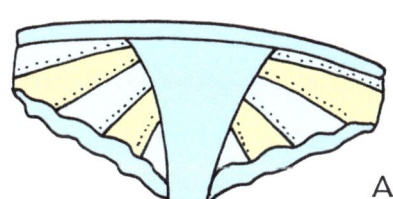

irgendwann pendelt er sich auf einen monatlichen Zyklus ein und du wirst ungefähr alle 28 Tage deine Periode bekommen. Bei manchen ist der Zyklus kürzer und bei anderen länger, also keine Panik, wenn dein Zyklus nicht genau 28 Tage lang ist.

Wenn der erste Schock über deine erste Periode abgeklungen ist, kommen dir bestimmt noch andere Fragen und Erkenntnisse. Zum Beispiel:

„Ich kann jetzt also durch Sex schwanger werden?"

„O Gott! Ich bin ohne Binden/ Tampons unterwegs. Was mache ich, wenn ich jetzt unerwartet meine Tage bekomme?"

„Ich müsste bald meine Tage bekommen und bin zum Schwimmen verabredet. Soll ich absagen?"

Auch wenn du seit Jahren auf deine Periode gewartet hast, kann es trotzdem ein Schock sein, wenn sie kommt und dir klar wird, dass du mit dieser monatlichen Heimsuchung – und ihren Auswirkungen – nun für die nächsten 40 Jahre klarkommen musst! In den Medien erscheint die Periode oft als eine Art Fluch. Aber es gibt noch eine andere, viel bessere Möglichkeit, deinen Zyklus zu betrachten: Deine Periode ist der Schlüssel, mit dem du deine angeborene weibliche Superkraft freischaltest.

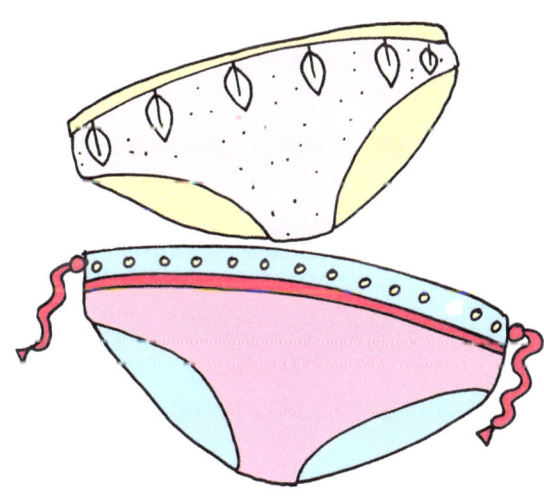

REBEL-KRAFT, ÜBUNG 1: Dein Periodensystem

Schreib die Geschichte deiner Periode auf. Hast du sie schon? Wenn ja, wie war das beim ersten Mal? Wo warst du und wie hast du dich gefühlt? Wie denkst du jetzt darüber? Wenn du sie noch nicht hast, bist du nervös deswegen? Ist deine Periode Freund, Feind oder Freind?

Egal, welches Verhältnis du zu deiner Periode hast – Fakt ist, dass du noch ganz am Anfang deiner Reise stehst und noch eine lange Zeit damit leben wirst. Jede Frau erlebt ihre Periode anders, aber wie es auch für dich ist, wahrscheinlich verbringst du eine Menge Zeit mit mindestens einem der folgenden Dinge:

 Rechnen, wann du deine Tage bekommst.

 Ins Bett kriechen und die ganze Woche dort bleiben und nichts als Schokolade essen wollen.

 Periodenschmerzen und komische Hormonschwankungen (prämenstruelles Syndrom oder PMS) erleben.

 Nervige Werbung sehen, die dir zeigt, was du alles nicht tun kannst, wenn du deine Tage hast, AUSSER du benutzt die beworbenen Binden oder Tampons.

 In deinem Lieblingskleid zu einer Party gehen, auf die du dich seit Ewigkeiten freust, und den Großteil des Abends Panik schieben, dass du draufblutest.

Tja, da kann man irgendwie verstehen, warum viele Menstruierende ihre Periode hassen. Dabei ist deine Periode viel mehr als nur PMS, Heißhunger und Rückenschmerzen. Sie ist Teil eines viel größeren Zyklus, der dir dabei helfen kann, Arbeit, Lernen, Freundschaften, Selbstwertgefühl und Kreativität einen Gang hochzuschalten.

Ich weiß, das ist schwer zu glauben, aber pass auf! Jetzt kommt ...

Die große Rebel-Kraft-Enthüllung

Die meisten Leute glauben, dass Frauen eine Woche bluten und dann ihr normales Leben weiterführen. Die haben **KEINE AHNUNG!**

In Wirklichkeit sind die Hormone im weiblichen Körper ständig im Fluss. Innerhalb von 28 Tagen wechseln unser Gehirn und unser Körper munter zwischen verschiedenen Phasen, Chemikalien und Hormonen hin und her. In jeder Phase des Menstruationszyklus wirst du unterschiedlich fühlen und handeln und dein Leben und dich selbst anders wahrnehmen.

Zum Beispiel können deine Hormone während des Eisprungs dafür sorgen, dass du dich wie die Königin des Universums fühlst. Du schmiedest Partypläne und schickst Nachrichten an alle deine Freunde und sogar an Leute, die du dich sonst nicht anzusprechen traust. Du hast tolle Ideen für Projekte und fühlst dich einfach unbesiegbar. Aber dann, ein paar Tage später, wenn der Eisprung vorbei ist und die Hormone in deinem Körper zurückgehen, beginnen die Selbstzweifel. Du guckst in deinen Kalender und fasst dir an den Kopf, wenn du siehst, was du alles geplant hast, als du vor Kurzem noch vor Selbstbewusstsein strotztest. Die Königin des Universums (du) schleicht in ihr Zimmer, verkriecht sich unter der Bettdecke und will nichts anderes als DVDs, Schokolade, und nie wieder mit jemandem reden zu müssen. Ist das zu viel verlangt?

Diese Stimmungsschwankungen können dafür sorgen, dass du dich seltsam und irrational fühlst. Wenn du nicht weißt, wie deine Hormone dich beeinflussen, wäre es kein Wunder, wenn du dich einfach für durchgeknallt hältst. Wenn du aber beginnst, die Sprache der Hormone zu verstehen, und

lernst, auf den Wellen deines Menstruationszyklus zu surfen (und dabei die Höhen und die Tiefen zu nutzen), wirst du feststellen, dass ein klares Muster dahintersteckt. Und dieses Muster kannst du für dich nutzen.

Menstruation für Geeks

Jede erlebt ihren Zyklus anders. Wenn du verstehst, wie deine Gefühle sich im Laufe einer Periode verändern, kannst du deine Pläne auf deine Stimmungen und deine Energie anpassen und die Zykluswelle surfen.

Wenn du zum Beispiel weißt, wann dein Eisprung sein wird, kannst du diese energiereiche

Zeit für dynamische Aktivitäten nutzen: auf Partys gehen, neue Leute kennenlernen und deine innere Diva rauslassen. Du wirst aber der Königin des Universums nicht die Kontrolle über deinen Kalender überlassen, weil du genau weißt, dass du dich eine Woche später ganz anders fühlst. Deine ruhigeren „Innenzeiten" nutzt du, um dich zu pampern, zu Hause zu bleiben, Tagebuch zu schreiben oder eine neue Serie zu schauen.

Auf den nächsten Seiten nehme ich dich mit auf eine Entdeckungsreise durch die vier Phasen deines Menstruationszyklus: Eireifungsphase, Eisprung, Gelbkörperphase und Menstruation. Jede Phase wird aufgeteilt in:

1 **Körperwelt** – hier erfährst du, was in der jeweiligen Zyklusphase chemisch gesehen in deinem Körper passiert..

2 **Gefühlskurve** – die möglichen emotionalen Nebenwirkungen, die in jeder Hormonphase wahrscheinlich auftreten.

3 **Aktivitäten** – passende To-do-Listen für die jeweilige Phase.

Dein Zyklus ist so einzigartig wie du selbst! Was folgt, sind nur Empfehlungen, keine in Stein gemeißelten Regeln. Sei also nicht überrascht, wenn deine Erfahrungen etwas anders sind. Am Ende dieses Abschnitts findest du die **Rebel-Kraft-Tracker**, mit denen du die einzelnen Phasen deines Zyklus und deine Erfahrungen nachverfolgen kannst. Mit diesen Infos und den Hinweisen auf den nächsten Seiten wirst du in der Lage sein, zu verstehen und vorherzusagen, wie du dich im Laufe deines Zyklus fühlst – du wirst also deine Hochs und Tiefs kennen, bevor sie eintreten, und kannst so dein Potenzial voll ausschöpfen!

Die vier Phasen deines Zyklus

Eireifungsphase (Tag 7–13)

Körperwelt

Die **Eireifungsphase** ist der Teil deines Zyklus **VOR** dem **Eisprung**, also bevor eine Eizelle von einem deiner Eierstöcke freigesetzt wird. Die vorherige Blutung hat bereits aufgehört. Du merkst es vielleicht kaum, aber das Hormon **Östrogen** steigt jetzt an und das führt zur vermehrten Ausschüttung von **Serotonin** im Gehirn, einem Wohlfühlhormon. Etwas später im Zyklus nimmt noch ein anderes Hormon zu, das **Testosteron**, und sorgt für mehr Kraft, Motivation und Selbstvertrauen – also für ein bisschen Extrastrahlkraft für all deine Aktivitäten. Jippie!

Gefühlskurve

Östrogen und Serotonin bringen deinen Energielevel und deine Begeisterung in den Tagen nach deiner Periode steil nach oben. Mit steigendem Östrogenspiegel fühlst du dich wahrscheinlich wagemutiger und bist für jede Challenge bereit. Deine Laune ist blendend und du suchst eher die Gesellschaft anderer. Es kann gut sein, dass du jetzt auch selbstsicherer bist, was dein Aussehen angeht. Tatsächlich wird deine Attraktivität in dieser Zyklusphase durch kleine Veränderungen im Weichgewebe deines Gesichts verstärkt. Die Gesichtszüge wirken symmetrischer.

Aktivitäten

Du verspürst unbändige Lust auszugehen, dich mit Freundinnen zu treffen und mit der Welt in Kontakt zu sein. Du kannst dich jetzt besonders gut ausdrücken, deshalb fällt es dir leichter, zu plaudern, Kontakte zu knüpfen und vor Publikum zu sprechen. Das ist die beste Zeit, um kreativ zu werden, coole Projekte anzufangen, wieder ins Fitnessstudio zu gehen oder etwas Neues zu lernen. Erlebst du jetzt hormongesteuerte Angstzustände, können Yoga, heiße Bäder, zügige Spaziergänge und Meditation dir helfen.

REBEL-KRAFT, ÜBUNG 2: Schreib alles auf!

Leg ein Tagebuch an, in dem du speziell aufschreibst, was du während deines Menstruationszyklus denkst und fühlst. Du kannst auf dieser Seite anfangen, aber in einem Notizblock oder -heft hast du natürlich mehr Platz.

Die vier Phasen deines Zyklus

Eisprung (Tag 14–21)

Körperwelt

Hallo Eisprung! In dieser Zyklusphase wird eine winzige Eizelle aus einem deiner Eierstöcke freigesetzt, damit daraus ein Baby werden kann - wuha! Seit Beginn deines Zyklus hat das Powerteam Östrogen und Testosteron deinen Körper auf das Schwangerwerden vorbereitet. All die Selbstsicherheit und gute Laune sind nämlich ein raffinierter Plan deines Körpers, um einen Partner anzulocken. Wenn du in dieser Phase Sex hast und nicht verhütest, ist die Gefahr, schwanger zu werden, am größten.

Gefühlskurve

Vermutlich willst du ja jetzt noch gar kein Kind haben, aber dein Körper weiß das nicht. Stattdessen kannst du deine superfruchtbare, kreative Energie aber einsetzen, um Projekte, Ideen und Ziele zum Leben zu erwecken. Deine Schaffenskraft läuft auf Hochtouren und weil du mit Glückshormonen vollgepumpt bist, hast du auch die Kraft, den Tatendrang und die Selbstsicherheit, um diese Projekte umzusetzen. Also: Sei kreativ!

Aktivitäten

In dieser Phase fühlst du dich am produktivsten, kompetentesten und

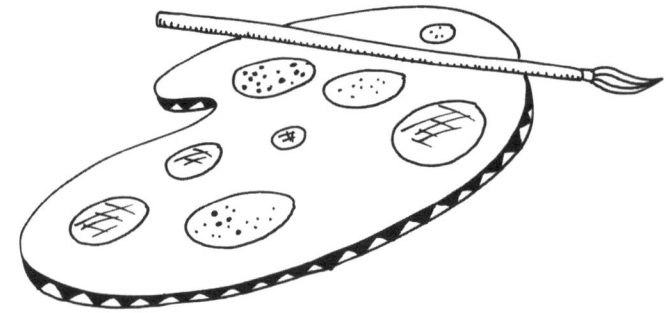

teamfähigsten. Nutze das, um deine To-do-Liste abzuarbeiten. Deine Ausdrucksfähigkeit ist auf dem Höhepunkt, also ist das auch eine prima Zeit, um Leute zu treffen, Gespräche zu führen, für eine Aufführung vorzusprechen und dich der Welt zu öffnen.

REBEL-KRAFT, ÜBUNG 3: Entfessle deine Schaffenskraft

Schreib alles auf, was du in deinem Leben mal schaffen möchtest. Notiere die Kreativprojekte, die Beziehungen, die Zukunft und den Lebenswandel, den du gerne hättest. Überleg dir drei kleine Ziele, die du erreichen könntest, um diesem Traum einen Schritt näher zu kommen.

Gelbkörperphase (Tag 22–28)

Körperwelt

Die Gelbkörper- oder Lutealphase hat einen schlechten Ruf. Deine Östrogen-, Testosteron- und Progesteronwerte sinken schnell. Der plötzliche Östrogenabfall kann dich nervös, ängstlich und weinerlich machen. Der abnehmende Serotoninspiegel und das Ansteigen des Stresshormons Noradrenalin führen dazu, dass du schnell ausflippst, wenn dich etwas ärgert. Wegen des abnehmenden Progesterons brichst du manchmal wegen jeder Kleinigkeit in Tränen aus und der sinkende Testosteronspiegel beschert dir nagende Selbstzweifel. Gleichzeitig stirbt der **Gelbkörper** (die reife Eizelle) ab und die Gebärmutterschleimhaut löst sich. In dieser Phase hast du aufgrund von Wassereinlagerungen möglicherweise vollere Brüste und einen Blähbauch.

Gefühlskurve

Wegen der Hormonveränderungen fühlst du dich vielleicht emotional erschöpft und rastlos. Deine Toleranz für nervige Situationen und Leute geht gegen Null. Alles, über das du zuvor durch deine rosarote Eisprungbrille großzügig hinweggesehen hast, tritt plötzlich zutage – und du scheust dich auch nicht, das allen mitzuteilen! Du fühlst dich weinerlich, mürrisch und wütend oder deine innere Kritikerin weist dich auf alles hin, was mit der Welt/deinem Leben/dir nicht stimmt. Wahrscheinlich fragst du dich jetzt, wie zum Teufel wir diese Phase positiv nutzen können!

Aktivitäten

Die Gelbkörperphase mag sich schmerzhaft anfühlen, aber diese „Wahrheitsphase" ist optimal geeignet, um dein Leben auf Vordermann zu bringen. Sie hilft dir, bestimmte Bereiche in deinem Zuhause, deinen Beziehungen oder Gewohnheiten aufzuräumen, die dir schaden. Ein geschärfter Blick für Details ist gut, um Abrechnungen zu machen, Dokumente Korrektur zu lesen und Liegengebliebenes zu beenden.

Dein scharfes Auge lässt dich aber auch die Schwachstellen in deinem Leben, an dir selbst und an anderen stärker erkennen. Statt deswegen auf jemanden loszugehen, schreib alles auf, von dem du meinst, dass du es ändern solltest, leg die Liste beiseite und sieh sie dir in einer anderen Phase noch mal an.

Übrigens: Trink Wasser. Das spült deinen Körper durch, du pinkelst häufiger und lagerst deshalb weniger Wasser ein.

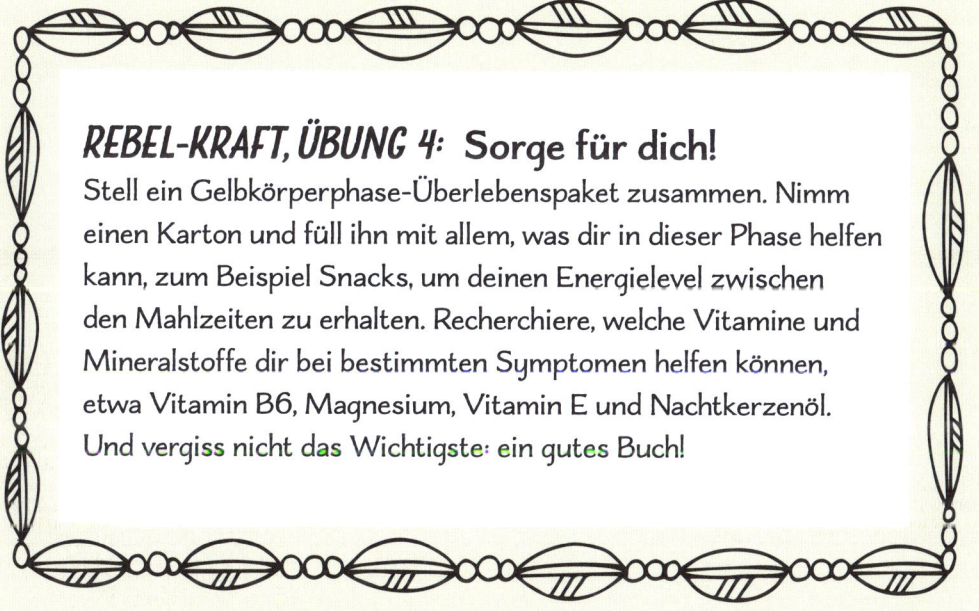

REBEL-KRAFT, ÜBUNG 4: Sorge für dich!

Stell ein Gelbkörperphase-Überlebenspaket zusammen. Nimm einen Karton und füll ihn mit allem, was dir in dieser Phase helfen kann, zum Beispiel Snacks, um deinen Energielevel zwischen den Mahlzeiten zu erhalten. Recherchiere, welche Vitamine und Mineralstoffe dir bei bestimmten Symptomen helfen können, etwa Vitamin B6, Magnesium, Vitamin E und Nachtkerzenöl. Und vergiss nicht das Wichtigste: ein gutes Buch!

Menstruation
(Tag 1–7)

Körperwelt

Mit dem ersten Blutungstag beginnt der Kreislauf von vorne. DIESER Tag ist der richtige, um mit dem Erfassen deines Zyklus anzufangen. Wenn du nicht schwanger bist, wird deine aufgelöste Gebärmutterschleimhaut in Form von Blut abgestoßen. Deine Hormone sind jetzt auf dem tiefsten Stand im ganzen Monatszyklus, aber das Östrogen steigt schon langsam wieder an. Am dritten Tag wird deine Laune besser und deine Energie kehrt zurück. Freu dich aber nicht zu früh – der Hormonspiegel ist immer noch ziemlich niedrig, deshalb wirst du dich an diesen Tagen vermutlich eher nach Ausruhen und Selbstfürsorge fühlen.

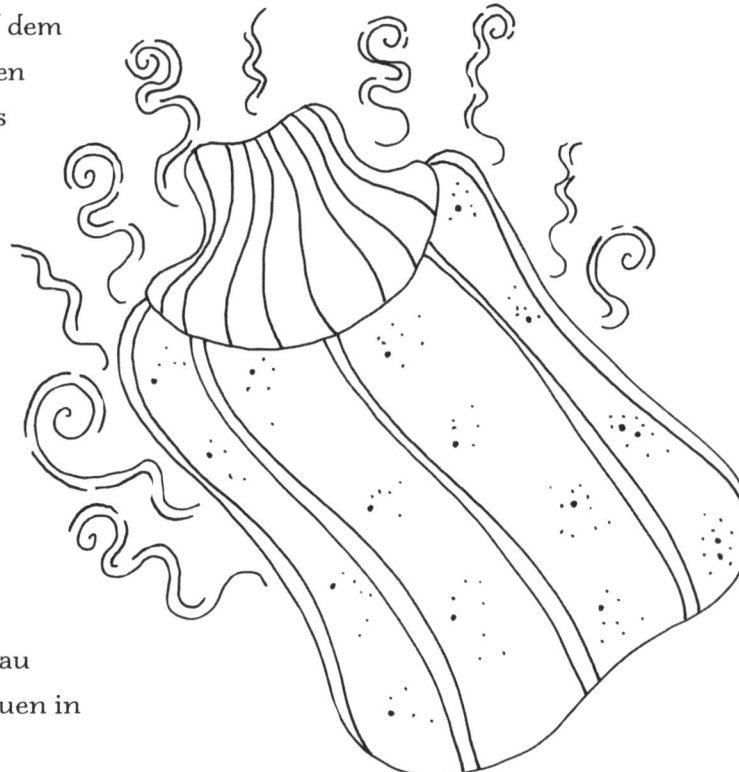

Gefühlskurve

Im Winter ziehen sich die Menschen eher zurück, schlafen viel und machen es sich gemütlich. Genau dasselbe brauchen Frauen in der Menstruationsphase. Nutze diese Zeit zum Auftanken, Entspannen und Lesen. Verwöhn dich ein bisschen. Die meisten Mädchen bekommen in den ersten Jahren ihrer Periode noch keine Bauchkrämpfe. Später kann das passieren – das fühlt sich dann oft wie ein dumpfer, drückender Schmerz im Unterleib an. Er kommt daher, dass die Gebärmutter sich zusammenzieht, um das Blut herauszudrücken. Periodenschmerzen können echt unangenehm sein und tragen dazu bei, dass unser „innerer Winter" einen so schlechten Ruf hat.

Aktivitäten

Hier ein paar Vorschläge, wie du mit Periodenschmerzen umgehen kannst:

- ♥ Leichter Sport wie Spazierengehen oder Schwimmen ist gut, weil er den Körper nicht zu sehr belastet.

- ♥ Entspann dich: Ein heißes Bad, Meditieren oder eine Wärmflasche auf dem Bauch helfen oft bei Unwohlsein und lindern schmerzhafte Krämpfe. Auch sanftes Yoga kann helfen, aber sprich unbedingt mit deiner Yogalehrerin, um die passenden Übungen zu finden. Falsches Dehnen könnte die Schmerzen verschlimmern.

- ♥ Ärzt*innen empfehlen bei sehr großen Schmerzen manchmal die Pille, weil sie die Periode leichter macht und die schlimmsten Schmerzen dämpft. Wenn deine Periode nicht schmerzhaft ist, verbring diesen Teil deines Zyklus am besten, indem du dir Ruhe gönnst, chillst und dich schonst, wo es nur geht.

REBEL-KRAFT, ÜBUNG 5: **Sei vorbereitet!**

Stell eine Periodenbox (für zu Hause) und eine Periodentasche
(für unterwegs) zusammen. In die Box kommen Hygiene-
produkte (Tampons, Binden, Menstruationstasse), Schokolade,
ein Buch und eine Wolldecke. Die Tasche stattest du mit
Hygieneprodukten (s.o.), Taschentüchern, Ersatzunterhose
und ein paar braunen Papiertüten aus, in denen du benutzte
Hygieneartikel verpacken kannst, falls mal kein Mülleimer da ist.

Beobachte dich

Jetzt hast du eine klarere Vorstellung von deiner hormonellen Landschaft. Aber wie findest du Zugang zu deiner Rebel-Kraft und zum Verständnis für deinen ganz persönlichen Zyklus? Deinen Zyklus mit einer App oder einem Kalender zu dokumentieren, ist eine gute Methode, um abzuleiten, wann du deine nächste Periode erwarten kannst. Aber ich würde mit dir gern noch einen Schritt weiter gehen.

Wie wäre es, wenn du an jedem Tag des Zyklus aufschreibst, wie du dich fühlst? Wenn du das ein paar Monate lang gemacht hast, kannst du im Rückblick vielleicht Muster erkennen. Zum Beispiel fühlst du dich an Tag 23 von deinem Freundeskreis abgesondert oder bist grundlos traurig. Wenn du dann auf Tag 23 im Monat davor zurückblickst und siehst, dass du dich da ähnlich gefühlt hast, deutet das darauf hin, dass diese Gefühle mit deinen Hormonschwankungen zu tun haben. Es kann beruhigend sein, zu wissen, dass du dich im letzten Monat genauso gefühlt hast. Es erleichtert es dir, dich innerlich von deinen negativen Gefühlen zu lösen, weil du weißt, dass sie wohl mit den Hormonveränderungen in deinem Körper zusammenhängen. Statt auf diese Gefühle zu reagieren (indem du zum Beispiel alle Freundinnen in den Wind schießt), kannst du nachsichtig mit dir sein und dich ein bisschen verwöhnen.

Wenn du die Muster in deinem Zyklus erkennst, wirst du feststellen, dass es leicht ist, die Abschnitte zu nutzen, wenn deine Hormone steil ansteigen. Aber zu lernen, dich auch zu mögen, wenn du unleidlich und völlig fertig bist, ist ein ebenso machtvoller Teil in der Entwicklung deiner persönlichen Schönheit.

REBEL-KRAFT, ÜBUNG 6: Behalte den Überblick!

Halte mit den Trackern auf den nächsten drei Seiten deine Stimmung an den einzelnen Zyklustagen fest. Beginne mit Tag 1 (dem ersten Tag deiner nächsten Periode) und notiere jeden Tag drei Wörter, die deine Stimmung beschreiben. Führe das über drei Zyklen fort und blicke dann zurück, ob du ein Muster in deinen Stimmungen und Gefühlen erkennen kannst. Vielleicht entdeckst du zum Beispiel, dass du dich an Tag 13 deines Zyklus oft optimistisch und kontaktfreudig fühlst, deine Stimmung aber an Tag 18 schlechter wird und dir weniger nach Gesellschaft ist. Wenn du diese regelmäßigen Stimmungsmuster kennst, wirst du im Voraus wissen, worauf du dich in den einzelnen Phasen einstellen musst – und hast dann das Wissen und die Macht, dich besser um deine Bedürfnisse zu kümmern.

In den Übersichten auf Seite 134–135 kannst du notieren, an welchem Datum deine Periode in den einzelnen Monaten kommt, und zusätzlich Informationen darüber sammeln, wie sie einsetzt. Markiere am ersten Tag deiner nächsten Periode das Datum in der Übersicht. Lege außerdem in der Legende unten einen Farbcode für leichte, mittlere und starke Blutungen fest und benutze die entsprechenden Farben in der Übersicht. Und schließlich markierst du noch die Tage mit Krämpfen. Wenn du diese Übersicht regelmäßig weiterführst, kannst du sehen, ob deine Periode regelmäßig oder unregelmäßig kommt. Außerdem siehst du, wie lang dein Zyklus ist, sodass du (hoffentlich) weißt, wann du in jedem Monat deine Regel erwarten kannst.

Startdatum .... Zyklus 1

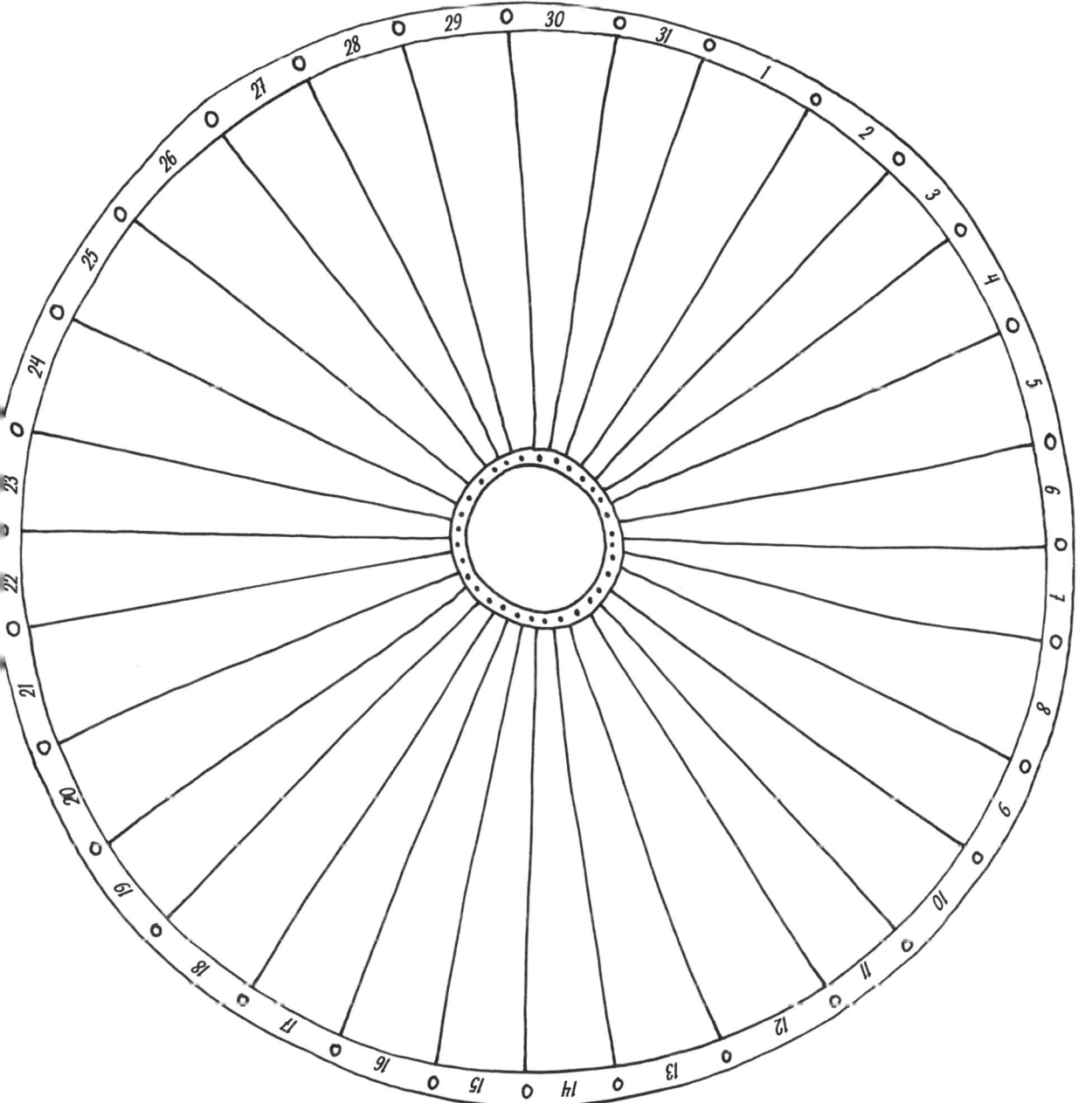

Zyklus 2

Startdatum ....

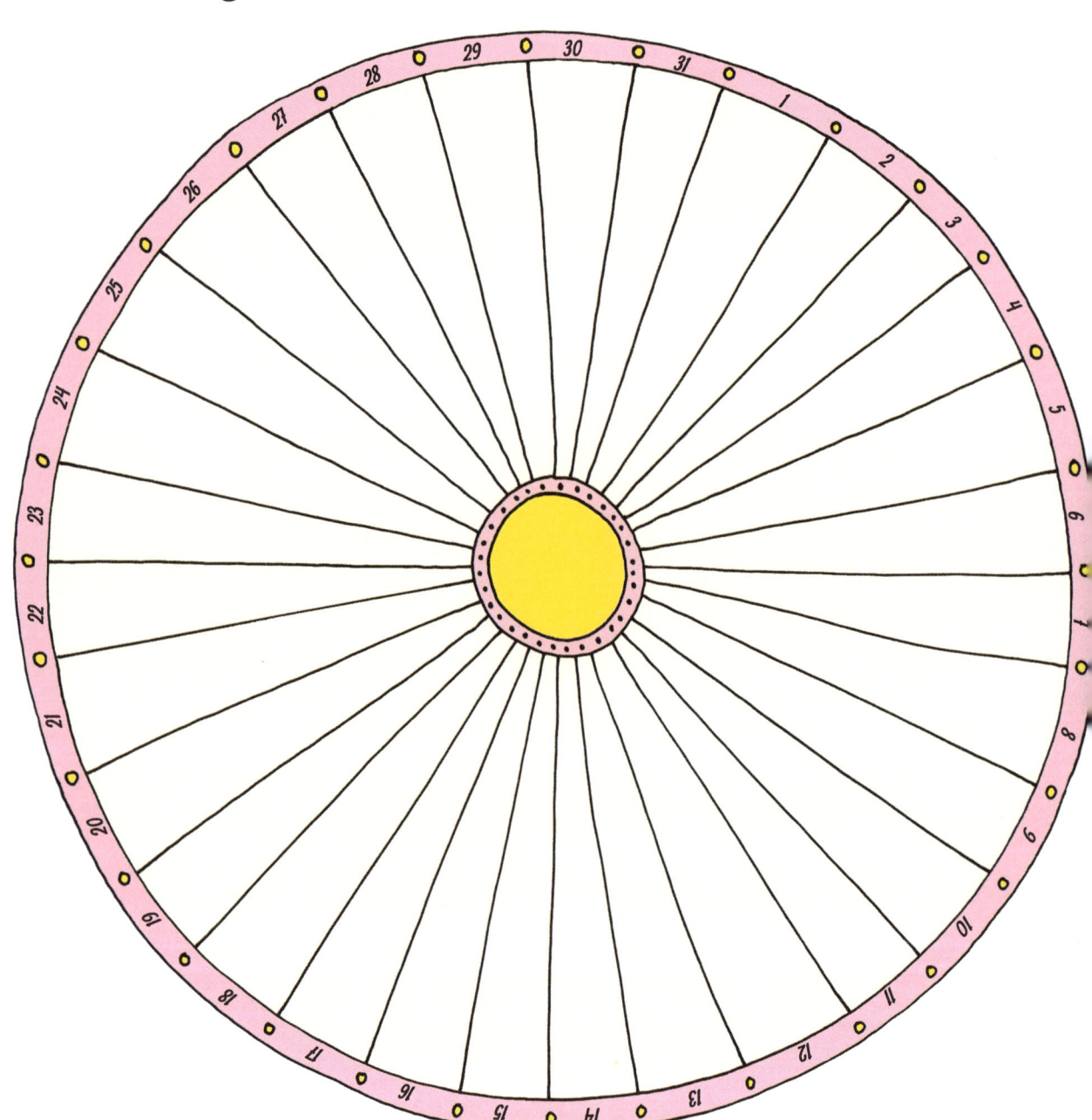

Startdatum ....

Zyklus 3

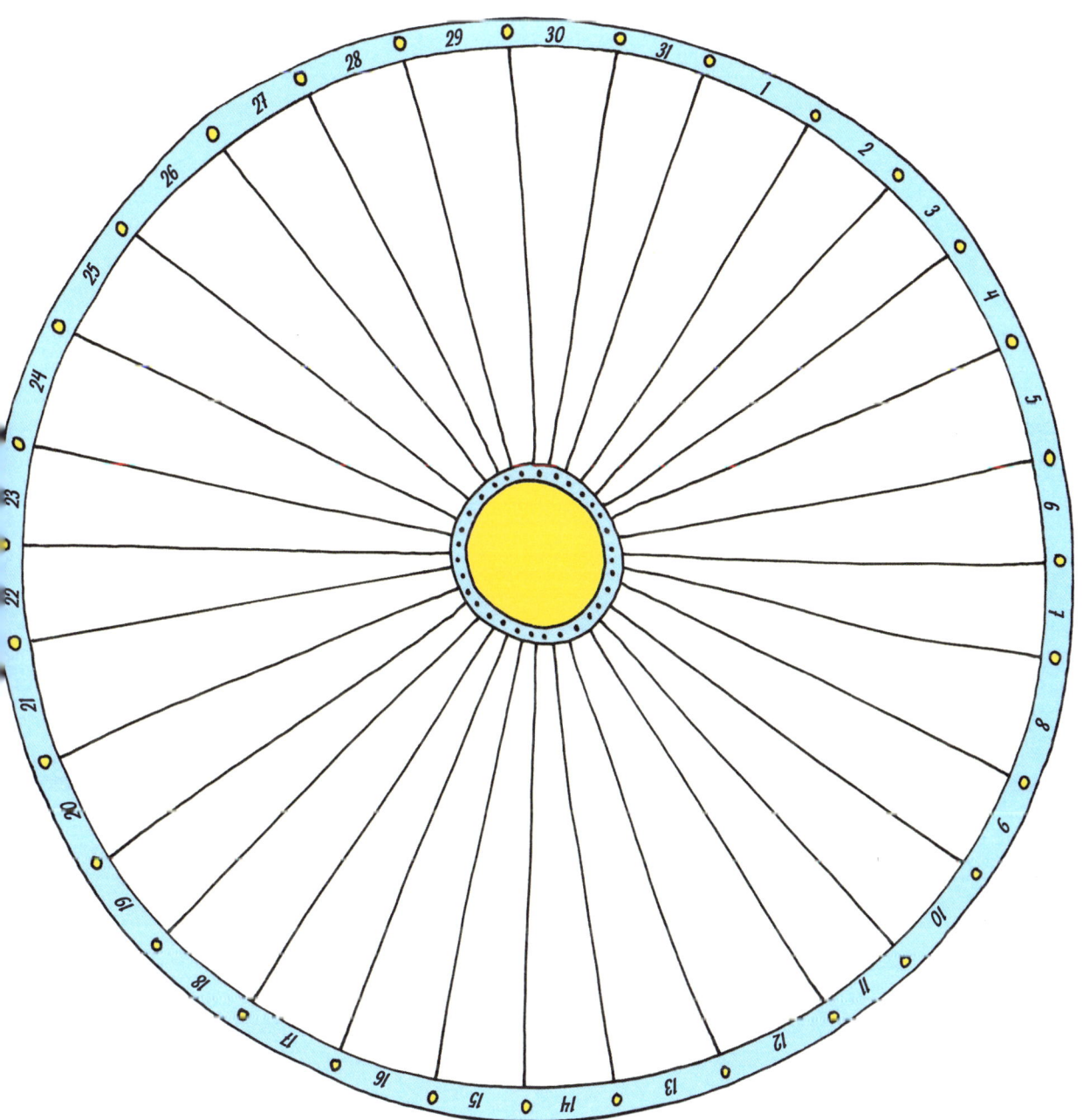

365-Tage-Übersicht

	1	2	3	4	5	6	7	8	9	10	11	12	13	14	15
JAN															
FEB															
MÄR															
APR															
MAI															
JUN															
JUL															
AUG															
SEP															
OKT															
NOV															
DEZ															

LEICHT ☐   MITTEL ☐

16	17	18	19	20	21	22	23	24	25	26	27	28	29	30	31

STARK ☐   **KRÄMPFE** ☐

Finde deinen Weg

Als ich 5 Jahre alt war, kam ich eines Tages in die Küche gestürmt und knallte ein selbst zusammengestückeltes, handgemaltes Buch auf den Küchentresen.

„Ich werde Schriftstellerin", sagte ich aufgeregt zu meinem Dad. „Und ich werde Bücher schreiben, die die Welt verändern."

„Die die Welt wie verändern?", fragte mein Dad.

„Die den Regenwald retten?", sagte ich.

Mein Dad nickte. „Guter Plan."

Von diesem Augenblick an hat mich der Drang zu schreiben nie mehr verlassen.

Zwischen 7 und 12, als ich wegen meines Aussehens gehänselt wurde, schrieb ich Bücher. In meiner Teeniezeit, als ich an einer Essstörung litt, die Schule abbrach, von zu Hause wegging und mein Aussehen hasste, schrieb ich weiter. Selbst als ich keine Wohnung, kein Geld für Essen und keine Ahnung hatte, was ich als Nächstes machen sollte, flog mein Stift regelmäßig übers Papier. Manchmal schrieb ich Gedichte, manchmal führte ich Tagebuch und häufig schrieb ich Kurzgeschichten und Romanentwürfe. Heute, 35 Jahre später, schreibe ich immer noch, aber inzwischen nur noch darüber, wie Menschen ihre eigene

Schönheit entfalten, Selbstliebe lernen und ein kreativeres Leben führen können. Ich kann voller Zufriedenheit sagen, dass ich endlich das Ziel erreicht habe, das ich mir als 5-Jährige gesetzt hatte: Bücher zu schreiben, die die Welt ein wenig besser machen. YEAH!

Aber das ist die absolute Ausnahme. Die meisten Erwachsenen haben NULL Ahnung, was sie aus ihrem Leben machen sollen, und schon gar nicht verfolgen sie Pläne weiter, die sie mit fünf geschmiedet haben. Tatsächlich wissen viele Leute nach mehreren Jahren im Beruf immer noch nicht, ob sie auf dem richtigen Weg sind oder nicht. Studierende sollen zu einem Zeitpunkt ein Studienfach wählen und wichtige Entscheidungen über ihre Zukunft treffen, an dem sie noch nicht mal genau wissen, welche ihre Lieblings-Chipssorte ist. Und diese ganze Verwirrung wird noch schlimmer, wenn wir die Influencer*innen und Promis auf Social Media sehen, deren Leben im Feenstaub einer Bestimmung und einer höheren Berufung bestreut zu glitzern scheint.

Wie kann es sein, dass sie ihren Weg schon gefunden haben, und warum ist das für sie alles so einfach? Weil sie Sternzeichen Löwe mit Aszendent Skorpion sind? Ist es Schicksal? Ist es vorherbestimmt?

NEIN! Wir Menschen haben eine feste, wenn auch unbekannte Zeit zu leben. In unserm Leben tun wir Dinge. Einige lohnen sich und sind nützlich.

Andere sind weniger wichtig. Die lohnenden Dinge, die wir tun, erzeugen wahrscheinlich mehr Glück und ein länger anhaltendes Gefühl von Bedeutung in uns. Der weniger wichtige Kram – Soaps gucken, durch Insta scrollen, falsche Freundinnen stalken – ist das Füllmaterial.

Wenn du dir also die großen philosophischen Fragen stellst (und als Rebel-Beauty-Teenie **WIRST** du große Fragen stellen) „Was ist meine Bestimmung im Leben? Warum bin ich hier?", dann versuch doch mal, dir andere Fragen zu stellen. Zum Beispiel: „Was ist mir wichtig? Wie kann ich meine Zeit sinnvoll nutzen?"

Dies, meine Liebe, sind viel mächtigere Fragen. Ich sag dir, warum:

♥ Diese Fragen sparen dir Zeit. Du wirst weniger wertvolle Stunden mit der Onlinesuche nach dem „Sinn des Lebens" vergeuden und dich dabei in Flache-Erde-Theorien, Astrologie, religiöse Kulte, Online-Tarot oder andere Niederungen des Internets verheddern.

♥ Diese Fragen lassen sich beantworten. Manche Menschen laufen ihr Leben lang im Kreis und stellen Theorien über ihre große, höhere Bestimmung auf der Erde auf und sind dann unendlich frustriert, wenn sie nicht irgendwann im Federkostüm mit Einhornglitzer drauf vor ihnen steht, ihnen auf die Schulter schlägt und ruft: „Hey, ich bin's!"

♥ Diese Fragen sind praktisch. Indem du dich fragst, was du Sinnvolles mit deiner Zeit anfangen kannst, schaffst du es vom Sofa runter und entdeckst, wobei du dich gut fühlst. Du kannst herausfinden, was dir wichtig ist, und darauf hinarbeiten.

Also dann, stellen wir uns diese Fragen. Bereit?

Rebel Beauty ✳ für dich

REBEL-BESTIMMUNG, ÜBUNG 1: Wähle deinen Weg

Beantworte die Fragen auf dieser und der nächsten Seite so schnell, langsam, kurz oder ausführlich, wie du magst.

Was ist mir wichtig?

_____

_____

_____

_____

_____

_____

_____

_____

_____

Wie kann ich meine Zeit sinnvoll nutzen?

_____

_____

_____

_____

_____

_____

_____

_____

Letzten Endes kannst nur DU herausfinden, was dir wichtig ist und sich sinnvoll für dich anfühlt. In die Welt zu gehen und diese Dinge zu finden, ist die beste Methode, in deinem Leben deine Bestimmung zu erkennen. Je mehr du dich damit beschäftigst – und je mehr du darauf achtest, was dir wichtig ist –, desto mehr wird das, was du tust, von dieser Bestimmung geprägt sein und je mehr Sinn wird dein Leben für dich haben.

Finde deine Rebel-Bestimmung

Jetzt hast du also ein Arsenal an wahrer Schönheit aufgebaut, die du auf die Welt loslassen und sie damit zu einem besseren Ort machen kannst. Aber wo fängst du an? Seien wir mal ehrlich – dein Zimmer ist gemütlich, der Fernseher lockt und Tausende TikTok-Videos sind nur einen Daumendruck entfernt. Wer die Welt verändern will, muss zunächst

mal seine wahre Berufung finden. Das wiederum erfordert eine gründliche Beschäftigung mit der ersten Frage: „Was ist mir wichtig?" Eine Berufung ist ein Thema oder eine Ungerechtigkeit, die sich wie eine Klette an deinen Geist hängt und dich immer wieder beschäftigt. Eine Berufung könnte zum Beispiel auftauchen als …

 … ein Problem, das dich richtig aufregt, dein Blut in Wallung und dich zum Zähneknirschen bringt, und du wirst dieses Gefuhl einfach nicht los. Man muss ja nur die Nachrichten sehen, um festzustellen, dass die Welt voller Probleme ist. Sie braucht jede Hilfe, die sie kriegen kann. Was ist das Thema, das dich am meisten beschäftigt und wo du was verändern willst?

Was mich immer total aufgeregt hat, waren die unmöglichen Schönheitsideale, die uns von den Medien und der Beautybranche aufgezwungen werden. Ich glaube, wer sich ständig damit beschäftigt, körperlich „perfekt" zu sein, enthält sich und der Welt unbeabsichtigt seine wahre Größe und sein Potenzial vor. Mein Frust mit

diesem Thema brachte mich dazu, mein erstes Buch zu schreiben, aus dem später ein Schulprogramm entwickelt wurde, das inzwischen unzähligen Mädchen geholfen hat, sich von Miss Schönheitsideal zu befreien und ihren Körper als echte Rebel Beauties selbst in Besitz zu nehmen.

 ... eine Idee, die dich nicht loslässt und die die Welt ein wenig besser macht. Du träumst davon, wie du sie umsetzt, redest

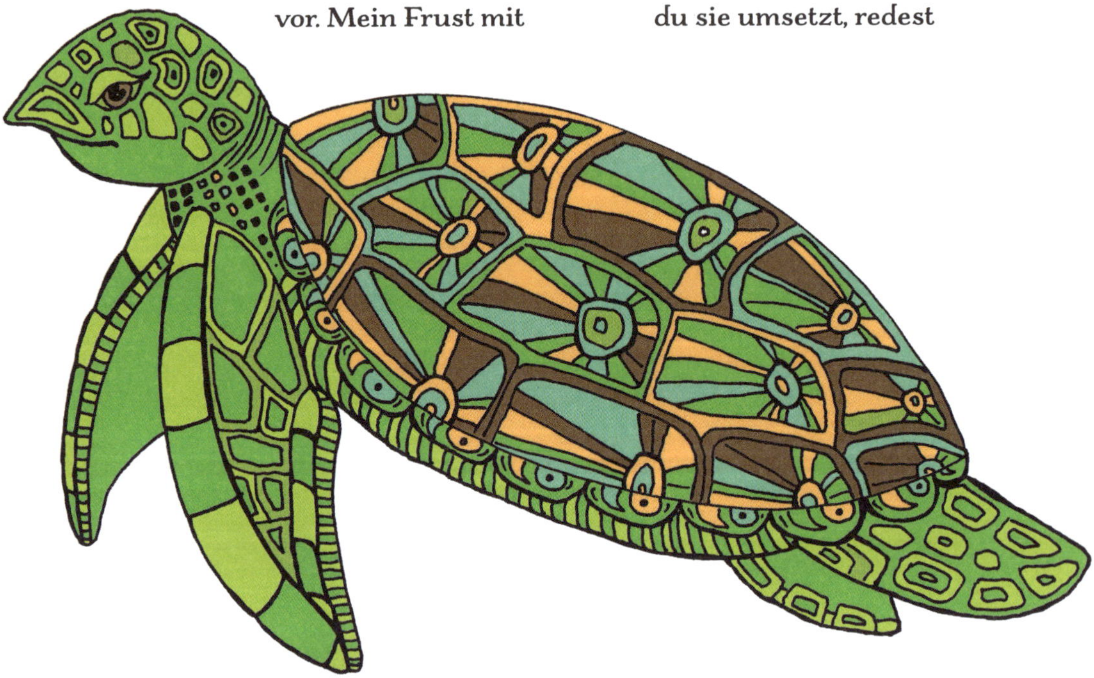

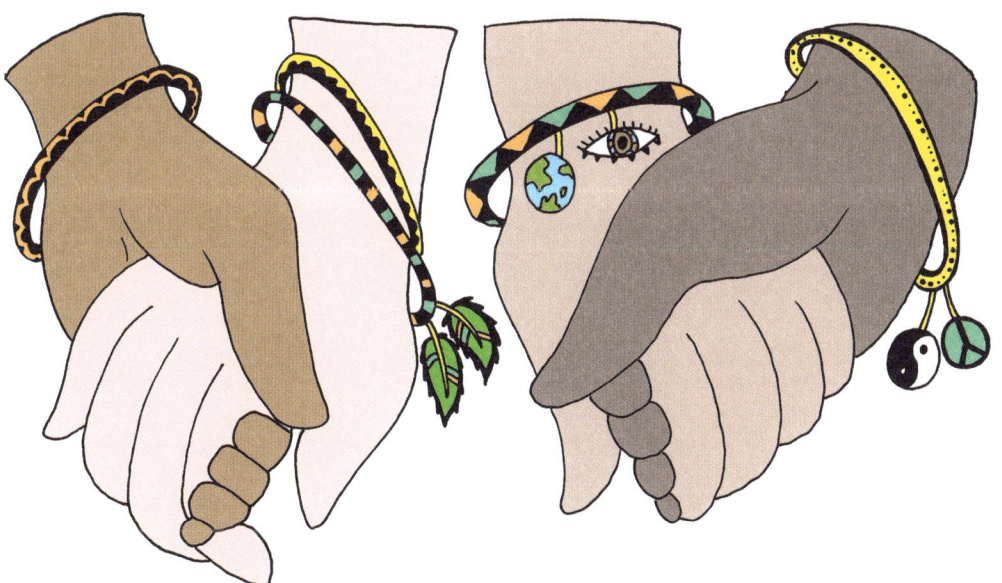

mit deinen Freundinnen
darüber und fühlst dich
auf eine merkwürdige Art
verantwortlich dafür. Es ist,
als wärst DU auf der Welt,
um die Lösung zu liefern.
Das zu tun, wozu du berufen
bist, ist vielleicht sehr
mühsam, aber es inspiriert
und motiviert dich auf allen
Ebenen. Wenn dir eine
Lösung zu einem beliebigen
Weltproblem einfallen würde
oder du dazu beitragen
könntest, was würdest du
am ehesten lösen und wie
würdest du das tun?

 ... eine Vorstellung davon,
was deinem Leben einen
Sinn und eine Bestimmung
geben würde. Du bist nicht
sicher, ob du den Charakter,
das Selbstvertrauen oder
die Mittel dazu hast, deinen
Plan umzusetzen, aber nichts
davon wird dich aufhalten.
Es geht nicht darum, Geld zu
verdienen oder mehr Freunde
zu haben oder die Beliebteste
zu sein. Du bist dazu berufen,
dieses Ding durchzuziehen,
weil es sich allein schon so
wunderbar anfühlen würde,
es EINFACH NUR ZU TUN.

REBEL-BESTIMMUNG, ÜBUNG 2: Probe den Aufstand

Schreib etwas auf, das du in den Nachrichten oder Medien gesehen hast und das dich ärgert. Warum regt es dich auf? Was für Gefühle löst es in dir aus? Was willst du tun, um es zu ändern?

Rebel Beauty ✳ für dich

Sobald du weißt, für welche Sache du dich einsetzen und starkmachen willst, musst du die zweite Frage beantworten: „Wie kann ich meine Zeit hierfür sinnvoll nutzen?"

Wenn dich zum Beispiel die Plastikflut in den Weltmeeren wütend macht, könntest du an einer Strandsäuberungsaktion mitwirken oder eine Veranstaltung gegen Einwegplastik organisieren. Wenn dich die Abholzung am Amazonas erschüttert, könntest du eventuell an einem Sponsorenlauf teilnehmen, um Geld für eine Organisation zu sammeln, die den Regenwald schützt. Vielleicht fällt dein Blick beim Einkaufen auf ein

Plakat, das für Freiwillige wirbt – jetzt ist der perfekte Zeitpunkt, dich dort zu melden. Berufungen tauchen in allen möglichen Gestalten auf und es ist deine Aufgabe, sie zu erkennen und entsprechend zu handeln.

Informiere dich, wie du deine Herzensangelegenheit am besten unterstützen kannst.

Welches tolle Projekt könntest du selbst starten, um auf die Sache aufmerksam zu machen, die dir wichtig ist, und dabei auch noch Spaß haben? Gibt es bereits eine Organisation in deiner Stadt oder in deiner Region, die für dieselbe Sache kämpft und die du unterstützen willst?

REBEL-BESTIMMUNG, ÜBUNG 3: **Perfekte Welt**

Male die Welt so, wie du sie gern hättest. Wenn dir die Umwelt am Herzen liegt, zeichne üppige Natur. Wenn du findest, dass Frauen in Entwicklungsländern Gratis-Periodenprodukte bekommen sollten, zeichnest du, wie eine NGO diese Produkte verteilt. Mach dir klar, wie du die Welt in der Zukunft gerne sehen würdest, und stell sie dir in allen Einzelheiten vor.

Finde deine Rebel-Bestimmung

REBEL-BESTIMMUNG, ÜBUNG 4: Was kann ich tun?

Schreib auf, wie du gern helfen würdest. Notiere jede noch so absurde Idee, wie du deine Vorlieben mit der Sache verknüpfen könntest, die du verändern möchtest. Wenn du zum Beispiel Musik liebst, könntest du einen Auftritt organisieren, um Spenden zu sammeln? Wenn du gern zeichnest, könntest du Poster entwerfen, um auf ein Thema aufmerksam zu machen ...

Rebel Beauty ✳ für dich

REBEL-BESTIMMUNG, ÜBUNG 5: Eilmeldung!

Du bist in der Zukunft. Eine Reporterin interviewt dich zu etwas total FANTASTISCHEM, das du getan hast. Was könnte das sein? Schreib den Artikel auf. Schneide ihn dann aus, unterschreib ihn, falte ihn zusammen und leg ihn an einen sicheren Ort, damit du ihn in 20 Jahren noch mal lesen kannst.

_____

_____

_____

_____

_____

_____

_____

_____

Sei die Veränderung, die du dir wünschst

Eine große Weltverbesserungs-vision zu haben ist cool, aber wir müssen keine Öko-Amazonen oder Feministinnen werden, um die Welt um uns herum positiv zu beeinflussen. Wenn du jeden Tag kleine Dinge in deiner Lebens-führung verbesserst, kannst du abends in dem Wissen ins Bett gehen, dass du im Stillen die Welt verändert hast. Mahatma Gandhi soll gesagt haben: „Sei du selbst die Veränderung, die du dir wünschst für diese Welt." Also: Wenn du dir mehr Freundschaft in der Welt wünschst, sei eine gute Freundin. Wenn du mehr Wahrheit in der Welt sehen willst, sei ehrlich. Wenn du dich nach mehr Liebe in der Welt sehnst, sei liebevoll.

Hier sind Vorschläge, wie du **die Veränderung sein** kannst:

 Sei eine Anführerin: Großartige Menschen, Handlungen oder Dinge sind oft unkonventionell. Um sie zu erreichen, müssen wir uns gegen die Herdenmentalität stellen, was Angst machen kann. Das Risiko, sich wie ein Idiot zu fühlen, gehört dazu, wenn du etwas Bedeutsames tun willst. Habe den Mut, für das einzustehen, woran du glaubst und was du für richtig hältst. Sei diejenige, die den Neuen in der Klasse mit einem freundlichen „Hallo" begrüßt. Sei diejenige, die sich weigert, schlecht über ihren Körper zu sprechen, und stattdessen betont, was sie an ihrem Aussehen mag. Sei diejenige, die ihre Rebel Beauty kennt und anderen dabei hilft, ihre einzigartige Schönheit zu entfesseln!

♥ **Sei eine Trendsetterin:** Wir können alle herumsitzen und darauf warten, dass die Menschen in unseren Familien oder Gemeinden kleine Veränderungen durchführen, aber irgendwer muss damit anfangen. Geh in ein Gartenzentrum, kauf Samen ein und ziehe deine eigenen Kräuter und dein eigenes Gemüse. Selbst wenn du nur einen Topf Basilikum auf der Fensterbank hast, werden deine Salate und Pizzas damit fantastisch schmecken. Mach das Licht aus, wenn du ein Zimmer verlässt, benutze energiesparende Birnen und recherchiere, wie du zu Hause sonst noch Energie sparen und dein eigenes Leben nachhaltiger gestalten kannst.

♥ **Sei freundlich:** Es kostet dich nichts, deine alte Nachbarin anzulächeln, wenn du ihr auf der Straße begegnest. Deiner Freundin ein Kompliment zu machen oder an der Kasse „Danke" zu sagen, sind kleine gute Taten, die eine positive Einstellung und Güte in die Welt tragen. Für sich genommen mögen diese Handlungen unwichtig sein. Sie zahlen aber alle zusammen auf deine Identität als stabiler, selbstbewusster und von Grund auf guter Mensch ein, der seinen Beitrag zum großen Ganzen leistet. Gute Taten verbreiten Glück und machen die Welt besser – auch wenn gerade niemand zusieht.

REBEL-BESTIMMUNG, ÜBUNG 6: Erzwinge positive Veränderungen

Liste drei Dinge auf, von denen du gern mehr auf der Welt sehen würdest. Das könnten zum Beispiel Frieden, Vergebung, Spaß, Lachen, Verbundenheit, Loyalität, Ehrlichkeit oder Freundlichkeit sein. Dann notiere drei Möglichkeiten, wie du dein Verhalten ändern könntest, um in deinem Alltag mehr davon zu sehen.

> Sei die Veränderung, die du dir wünschst

REBEL-TRAINING

Übung macht die Meisterin

In diesem Buch hast du sechs Methoden gelernt, um dein wunderbares Ich zu erkennen und dich zu verwirklichen.

Jetzt, wo du dich mit **Rebel-Augen** sehen, deinen **Rebel-Körper** pflegen, deine **Rebel-Stimme** einsetzen, dich deinen **Rebel-Leidenschaften** hingeben, deine **Rebel-Kraft** erkennen und deine **Rebel-Bestimmung** finden kannst, gestehe ich dir:

DU WIRST ALLES WIEDER VERGESSEN.

Du wirst wieder anfangen, dich mit Miss Schönheitsideal zu vergleichen, und dein Aussehen hassen. Du wirst deine Sprache verlernen, deine Leidenschaften vergessen, deinen Zyklus nicht beachten und alle Zuversicht verlieren.

Aber eines Tages wirst du dich an dieses Buch erinnern und es wieder aufschlagen. Dann wirst du eine Strategie brauchen, um deinen Alltag in winzigen Schritten zu verändern, damit du so richtig gut darin wirst, deine wahre Schönheit strahlen zu lassen. Ganz allmählich, Tag für Tag, werden diese kleinen Schritte und Bewegungen zu Gewohnheiten, derer du dir nicht mal bewusst bist. Dann hast du dein eigenes Rebel-Beauty-Training gefunden.

Dein Rebel-Beauty-Training

In was bist du gut? Vielleicht bist du eine tolle Schwimmerin, eine talentierte Künstlerin oder eine großartige Sängerin? Wenn dir nichts einfällt, denk daran, dass du laufen und sprechen gelernt hast und wie man ein Handy bedient. Und wie bist du so gut darin geworden?

Ich denke, das liegt daran, dass ...

A ... **du es wirklich wolltest.**
B ... **du es ausprobiert hast.**
C ... **du geübt hast.**

Bei deiner Geburt konntest du sicher noch nicht alle Songs deiner Lieblingsband nachsingen, stimmt's? Ihre Lieder haben ein gutes Gefühl in dir ausgelöst, und darum hast du dir die Texte und Melodien immer wieder angehört, bis sie sich in dein Gedächtnis eingegraben haben. Du konntest bei deiner Geburt auch noch nicht laufen, sprechen oder Gitarre spielen! Das kam erst durch Übung.

Was auch immer du mal erreichen willst – ob das ein Ziel in Gesundheit, Hobby oder Beruf ist oder ob du deine innere Schönheit freisetzen willst –, immer wirst du üben müssen, um diesen Punkt zu erreichen.

Deshalb brauchst du ein Rebel-Training. Das sind kleine Aktionen, die du jeden Tag ausführen kannst, um deine Gewohnheiten verändern und um mehr Erfahrung darin zu sammeln, einfach DU SELBST zu sein.

Wenn dir gerade danach ist, alles zu vergessen und dich wieder eine Weile mit Miss Schönheitsideal abzugeben, dann mach ein Eselsohr in diese Seite und leg das Buch irgendwohin, wo du es später wiederfindest. Wenn du aber JETZT bereit bist, mit einem Rebel-Beauty-Training anzufangen, das dir SOFORT dabei helfen wird, weiter in deiner Großartigkeit, deiner Kühnheit und deiner Schönheit zu wachsen, dann los!

Übung macht die Meisterin

Entwirf dein Rebel-Beauty-Training

Dein Rebel-Beauty-Training dient dazu, jeden Tag mit deiner einzigartigen Großartigkeit Kontakt aufzunehmen und sie aufzubauen. Es wird aus sinnvollen Dingen bestehen, die du auf körperlicher, emotionaler, geistiger und sozialer Ebene tun kannst, um dein schönes, gestärktes ICH zu erhalten und weiterzuentwickeln.

Egal, ob du gerade die beste Zeit deines Lebens erlebst oder in einer Krise steckst: Mit diesem Training findest du Tag für Tag wieder Zugang zu deinem wundervollen einzigartigen Selbst.

Auf den nächsten Seiten kannst du dir die sechs Stufen der Rebel Beauty noch einmal ins Gedächtnis rufen. Auf jeder Stufe entwickelst du eine Aktion, die du auf den nachfolgenden Seiten dokumentieren kannst.

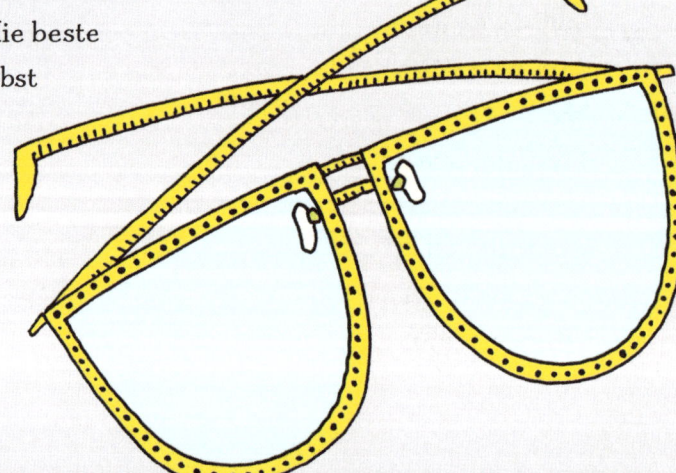

Rebel-Augen

Wie du dich selbst siehst, bestimmt, wer du bist. Du hast die Macht, zu wählen, worauf du dich konzentrierst. Schreib in das Kästchen auf der nächsten Seite drei Wörter, die beschreiben, wie du dich in den nächsten drei Monaten sehen willst.

Die Übungen

♥ Führe ein Dankbarkeitstagebuch und notiere darin gute Nachrichten aus den Medien, von Freunden oder aus deinem Umfeld, vor allem aber deine eigenen positiven Erlebnisse. Hast du Dinge erlebt oder an anderen beobachtet, die du dir für dich selber wünschst? Schreib sie auf! So wird dein Blick für die wahre Schönheit in der Welt – und in dir – geschult.

♥ Sieh dir deine Antworten in Übung 2 im Kapitel „Rebel-Augen" (S. 35) an und schreib eine Liste von 21 kleinen Schritten, mit denen du sie nach und nach verbessern könntest. Unternimm jeden Tag eine kleine Aktion, die dir hilft, dich selbst zu lieben.

♥ Stell dich einmal am Tag vor den Spiegel und „sieh" dich durch die Augen von jemandem, der dich lieb hat, zum Beispiel deine beste Freundin oder jemand aus deiner Familie (oder sogar dein Hamster!). Merk dir, wie diese Person dich beschreiben könnte.

Wähle eine der Übungen oben oder denk dir eine eigene aus und schreib in das Kästchen auf der nächsten Seite, wie dein Rebel-Augen-Training aussehen soll.

Diese Übung trainiert meine Rebel-Augen: ....

....

....

....

....

Ich mache sie zu dieser Tageszeit: ....

Rebel-Körper

Je mehr du deinen Körper wertschätzt, desto mehr wirst du ihn lieben und dich gut um ihn kümmern wollen. Pflege deinen Körper durch Bewegung, gutes Essen, eine gute Körpersprache und positive Körper-Label.

Die Übungen

Was könntest du täglich tun, um deinen Rebel-Körper zu stärken? Denk dir selbst was aus oder wähle aus diesen Vorschlägen:

♥ **Iss ein richtig gesundes Powerfrühstück. Vielleicht könntest du auch zur Schule laufen, statt den Bus zu nehmen? Gesundes Essen und Bewegung tun deinem Körper gut.**

♥ Baue dein Selbstbewusstsein mittels Körpersprache auf. Welchen Teil deines Tages würde eine positive Körpersprache am meisten verbessern? Gibt es ein bestimmtes Unterrichtsfach oder eine Situation, in der dein Selbstbewusstsein einen Booster vertragen könnte? Erinnere dich daran, aufrecht zu stehen oder zu sitzen, deine Schultern nach hinten zu nehmen und mehr Raum einzunehmen.

♥ Nutze TÄGLICH deine neuen Körper-Label. Wenn du dich bei negativen Gedanken über deinen Body oder Vergleichen mit anderen erwischst, nimm deine Liste mit positiven Beschreibungen zur Hand (S. 70-1) und erinnere dich daran, wer du wirklich bist.

Wähle eine der Übungen oben oder denk dir eine eigene aus und schreib in das Kästchen unten, wie dein Rebel-Körper-Training aussehen soll.

Diese Übung trainiert meinen Rebel-Körper: ....

....

....

....

....

Ich mache sie zu dieser Tageszeit: ....

Rebel-Stimme

Um deine Rebel-Stimme zu schulen, musst du trainieren, deine Gefühle, Erwartungen und Grenzen klar zu kommunizieren. Sie hilft dir dabei, für deine eigene Sache zu kämpfen und um gute, gelingende Beziehungen zu anderen aufzubauen.

Die Übungen

Hier kommen ein paar Übungen, die dir dabei helfen können, selbstbewusst und klar deine Gedanken und Gefühle auszudrücken und erfolgreich zu kommunizieren:

 Wähle eine Person aus, mit der du dich wohlfühlst, und übe die Kommunikation mit deiner Rebel-Stimme (S. 83–89) mit ihr.

 Wurdest du von etwas getriggert, weißt aber nicht, was genau passiert ist? Geh den Tag durch, bis du den Zeitpunkt findest, ab dem das ungute Gefühl einsetzte. Gab es da eine Erwartung, die enttäuscht wurde? Notiere, wie du deine Rebel-Stimme hättest einsetzen können, um deine Bedürfnisse zu kommunizieren.

 Stell dir jeden Abend vor dem Schlafengehen kurz vor, wie du mühelos und flüssig den Menschen in deinem Leben deine Gefühle auf freundliche und respektvolle Weise vermittelst.

Wähle eine der Übungen oben oder denk dir eine eigene aus und schreib in das Kästchen auf der nächsten Seite, wie dein Rebel-Stimme-Training aussehen soll.

Diese Übung trainiert meine Rebel-Stimme: ....

....

....

....

....

....

Ich mache sie zu dieser Tageszeit: ....

Rebel-Leidenschaft

Wie du bist, wenn du deinen Leidenschaften nachgehst, ist der Schlüssel zu deiner einzigartigen Schönheit. Dieses Gefühl von Glück, Verbundenheit und Flow kannst du so oft in dein Leben holen, wie du möchtest.

Die Übungen

 Sieh dir morgens und abends dein Rebel-Beauty-Markenbild an (S. 107) und ruf die Gefühle wach, die du in dem Bild verankert hast. Spüre diesen Gefühlen nach und erinnere dich daran, wie es sich anfühlt, **DU SELBST** zu sein.

♥ Versuche, deine Leidenschaften mindestens viermal pro Woche in deinen Alltag zu bringen. Schule, Hausaufgaben und der andere Wahnsinn nehmen einen Großteil der Tage ein. Nimm dir bewusst Zeit für Dinge, mit denen dein Leben sich besser anfühlt. Trage diese Zeiten vorab in deinen Kalender ein und markiere die Tage, an denen du es geschafft hast, das zu tun, was du am liebsten tust.

♥ Tauche tiefer in deine größte Leidenschaft ein. Was hilft dir dabei, noch besser in dem zu werden, wofür du brennst? Gibt es irgendwelche Ziele, die du dir setzen könntest?

Wähle eine der Übungen oben oder denk dir eine eigene aus und schreib in das Kästchen unten, wie dein Rebel-Leidenschaft-Training künftig aussehen soll.

Diese Übung trainiert meine Rebel-Leidenschaft: .

....

....

....

....

....

Ich mache sie zu dieser Tageszeit: ....

Rebel-Kraft

Frauen sind zyklische Wesen. Wenn du die regelmäßigen Abläufe in deinem Körper kennst und sie entsprechend nutzt, kannst du ein paar echt tolle Superkräfte freischalten: Entfalte deine Frauenpower!

Die Übung

Lerne deinen Zyklus zu nutzen! Notiere dir täglich drei Wörter in dein Tagebuch (oder die Tracker auf S. 131–135), die beschreiben, wie du dich fühlst, sei es körperlich, geistig oder in Bezug auf andere Menschen.

 Notiere in den Rebel-Kraft-Trackern täglich drei Wörter, die beschreiben, wie du dich fühlst.

 Dokumentiere deinen Zyklus drei Monate lang. Vergleich die Tracker und halte nach Mustern Ausschau. Gibt es „schwarze Löcher", in die du jeden Monat fällst? Gibt es Tage, an denen du große Lebensfreude verspürst und Pläne für das ganze nächste Jahr schmiedest?

 Betrachte und bewerte deine Gefühle auf der Grundlage deines neuen Wissens über deinen eigenen, einzigartigen Zyklus mit neuen Augen.

Notiere auf der nächsten Seite, wie du deinen Zyklus dokumentieren willst: mit einer App, in einem Zyklustagebuch oder mit den Rebel-Beauty-Trackern auf den Seiten 131 bis 135.

So werde ich meinen Zyklus dokumentieren: ....

....

....

....

....

....

Ich mache das zu dieser Tageszeit: ....

Rebel-Bestimmung

Ein sinnhaftes Leben voller Bedeutung schenkt dir viel Kraft. Selbst im Falle einer Krise wirst du durch deine Bestimmung die innere Kraft finden, weiterzumachen und dich durchzubeißen.

Die Übungen

So hältst du deine innere Kraft am Leben:

 Bleib dran. Lies Bücher oder Artikel über deine besondere Berufung, hör Podcasts und entwickle deine Vorstellungen mit aktuellen Informationen weiter. Wissen ist Macht.

♥ Folge deiner Berufung und starte deine eigenen Projekte, um dein Anliegen voranzubringen. Könntest du zum Beispiel einen Kuchenverkauf in der Schule organisieren, um Geld für etwas zu sammeln? Könntest du als Freiwillige in einer Organisation tätig werden? Vielleicht schreibst du ja auch Briefe oder einen Blog? Überleg dir, welche konkreten Aktionen du in Angriff nehmen kannst, um dein Anliegen voranzubringen, und setze diese Aktionen dann auch um.

♥ Schieb einmal am Tag alles andere beiseite und beschäftige dich mit dir selbst. Frag dich: Was will ich wirklich? Wie kann ich meine Zeit mit wichtigen und wertvollen Dingen verbringen? Was kann ich in diesem Moment tun, um einen Unterschied zu machen?

Wähle eine der Übungen oben und schreib in das Kästchen, wie dein Rebel-Bestimmungs-Training aussehen soll.

Diese Übung trainiert meine Rebel-Bestimmung:

....

....

....

....

....

Ich mache sie zu dieser Tageszeit: ....

REBEL-AUGEN-TRAINING:

TAG	ERLEDIGT		TAG	ERLEDIGT
1			17	
2			18	
3			19	
4			20	
5			21	
6			22	
7			23	
8			24	
9			25	
10			26	
11			27	
12			28	
13			29	
14			30	
15			31	
16				

Mithilfe der Tracker kannst du dein Training dokumentieren. Jeder Tracker hilft dir dabei, einen Monat lang über einen Aspekt deines Trainings auf dem Laufenden zu bleiben. Wenn du deine Fortschritte über längere Zeit verfolgen willst, mach vorher eine Kopie von der Seite.

NOTIZEN UND GEDANKEN:

REBEL-KÖRPER-TRAINING:

TAG	ERLEDIGT	TAG	ERLEDIGT
1		17	
2		18	
3		19	
4		20	
5		21	
6		22	
7		23	
8		24	
9		25	
10		26	
11		27	
12		28	
13		29	
14		30	
15		31	
16			

NOTIZEN UND GEDANKEN:

REBEL-STIMME-TRAINING:

TAG		ERLEDIGT
1		
2		
3		
4		
5		
6		
7		
8		
9		
10		
11		
12		
13		
14		
15		
16		

TAG		ERLEDIGT
17		
18		
19		
20		
21		
22		
23		
24		
25		
26		
27		
28		
29		
30		
31		

NOTIZEN UND GEDANKEN:

....

....

....

....

....

....

....

....

....

....

....

....

TAG		ERLEDIGT
1	👁	
2	🍃	
3	👁	
4	🍃	
5	👁	
6	🍃	
7	👁	
8	🍃	
9	👁	
10	🍃	
11	👁	
12	🍃	
13	👁	
14	🍃	
15	👁	
16	🍃	

TAG		ERLEDIGT
17	👁	
18	🍃	
19	👁	
20	🍃	
21	👁	
22	🍃	
23	👁	
24	🍃	
25	👁	
26	🍃	
27	👁	
28	🍃	
29	👁	
30	🍃	
31	👁	

NOTIZEN UND GEDANKEN:

REBEL-KRAFT-TRAINING:

TAG		ERLEDIGT
1	👁	
2	🍃	
3	👁	
4	🍃	
5	👁	
6	🍃	
7	👁	
8	🍃	
9	👁	
10	🍃	
11	👁	
12	🍃	
13	👁	
14	🍃	
15	👁	
16	🍃	

TAG		ERLEDIGT
17	👁	
18	🍃	
19	👁	
20	🍃	
21	👁	
22	🍃	
23	👁	
24	🍃	
25	👁	
26	🍃	
27	👁	
28	🍃	
29	👁	
30	🍃	
31	👁	

NOTIZEN UND GEDANKEN:

REBEL-BESTIMMUNG-TRAINING:

TAG		ERLEDIGT
1		
2		
3		
4		
5		
6		
7		
8		
9		
10		
11		
12		
13		
14		
15		
16		

TAG		ERLEDIGT
17		
18		
19		
20		
21		
22		
23		
24		
25		
26		
27		
28		
29		
30		
31		

NOTIZEN UND GEDANKEN:

Zum Schluss

Dieses Buch ist eine Art Reisetagebuch, denn es hat dich bis hierher schon auf einem wichtigen Teil deines Lebenswegs begleitet.

Wenn du zurückblätterst, wirst du sehen, wie weit du auf deiner Reise schon gekommen bist: die Hilfsmittel, die Übungen, die Kritzeleien, die Zeichnungen und all die Tage, die du der Entfesselung deiner einzigartigen unbändigen Schönheit gewidmet hast. Von jetzt an wirst du bei jeder Erfahrung, die du machst, jedem Menschen, dem du begegnest, und jeder Lebenssituation, in die du dich begibst, einen Rucksack voll nützlicher Werkzeuge zur Hand haben und ständig kommen neue Hilfsmittel dazu. Ja, es wird nicht immer alles glatt laufen. Es wird Missgeschicke, Rückschläge, Fehler und Irrwege geben – aber auch jede Menge Gutes und Schönes! Jeder neue Schritt auf deinem Weg lässt dich weiter wachsen und bringt dich der Person näher, die du werden kannst und werden willst.

Bewahre dieses Buch an einem sicheren Ort – vielleicht in einer Schublade oder einer Schatzkiste –, bis du viel älter bist. Vielleicht siehst du dir eines Tages *REBEL BEAUTY* wieder an und erkennst, dass es einen wertvollen Beitrag dazu geleistet hat, dass du dein Potenzial ausschöpfen konntest. Vielleicht liest du es noch mal und entdeckst die ersten Samenkörner deiner Träume, die inzwischen längst zu mächtigen Bäumen herangewachsen sind und deinem Leben seine Form geben. Oder vielleicht siehst du dein früheres Ich und erkennst, wie weit du gekommen bist.

Was auch geschieht, ich wünsche dir viele wunderschöne Tage. Genieß dein Leben als Du!

Bethan